성공하는
인사 제도를
위한
짧은 대화

강홍민

성공하는
인사 제도를
위한
짧은 대화

HUMAN
RESOUR
CES

plan b
DESIGN

기업과 구성원을
성장으로 이끄는
이야기들

인사 제도, 익숙하지만 낯선 그 이름에 대하여

저는 대한민국의 지방 어느 도시의 산부인과에서 태어났다고 합니다. 당연히 저는 기억나지 않는, 하지만 부모님으로부터 들은 이야기이죠. 우리 부모님 세대에는 아이가 태어나도 출생 신고를 바로 하지 않은 경우가 있었다고 하지만 다행히 저는 그러지 않았던 듯합니다. 태어난 날이 출생일로 신고가 되었고 주민등록증 번호로 남아 있죠. 아이가 태어나면 누구나 출생 신고를 해야 합니다. 정해진 양식과 절차, 그리고 1개월 이내라는 기한이 존재합니다. 그 기한을 넘기면 과태료가 부과됩니다. 의무를 이행하도록 강제하는 힘이라고 할 수 있습니다.

> 가족관계등록법 제44조 제1항: '출생의 신고는 출생 후 1개월 이내에 하여야 한다'[01]

우리는 세상에 태어나는 순간부터 다양한 제도의 적용을 받게 됩니다. 그중에서 법은 대표적이고 가장 기본적인 동시에 가장 강력한 제도라고 할 수 있습니다. 법은 우리가 태어날 때 선택하는 것이 아니라 제도로서 이미 주어져 있습니다. 그래서 법과 제도를 설계하고 시행·운영할 때에는 사전에 많은 고민과 준비가 필요합니다. 일방적이고 강제적인 속성을 가지고 있으니까요.

그런데 제도가 잘 작동하려면 그 제도를 적용받는 동시에 활용하는 구성원들의 역할이 중요하다는 점에서, 제도는 강제성과는 반대되는 속성도 가지고 있습니다. 제도를 적용·활용했을 때 그 제도가 없는 상태보다 더 불편하거나 부정적인 상태로 이어진다면 그 제도는 구성원의 강한 저항을 만나게 되며, 이는 제도의 수정 혹은 폐지로 이어지기도 합니다. 제도는 강제성을 가지고 있지만 그 강제성은 절대적인 성질의 것이 아님을 의미합니다.

주니어 인사 담당자로서 저에게 제도의 완성은 멋진 보고서로 귀결되었습니다. 멋지고 화려한 도형과 화살표, 오와 열을 맞춘 도형과 그에 어울리는 폰트와 글씨 포인트들이 그 보고서의 핵심이었습니다.

그리고 2025년을 사는 인사 담당자로서 저는 '제도는 현장에 녹아들어야 비로소 완성된다'고 이야기합니다. HR이라는 직무의 미션으로 '기업과 구성원이 함께 성장하는 환경으로서 인사 제도를 설계하고 운영하는 것'이라고 공공연하게 말하고, 인사 제도의 궁극적인 목적은 '그 제도가 더 이상 필요 없는 상태를 만드는 것'이라고 말하는 것도 이러한 생각과 같은 맥락입니다.

"생각하고 있는 주제가 있어?"

대학원 원우 선배님과 식사를 하다가 질문을 받았습니다. 논문 주제로 생각하고 있는 것이 있냐는 질문에 저는 답을 합니다.

> "제도를 좀 더 공부해 보고 싶어요."
>
> "왜?"
>
> "제가 인사 제도를 좀 더 올바른 방향으로 올바르게 설계해서 운영할 수 있다면 그 제도를 활용하는 기업, 구성원분들에게 도움이 될 거라고 생각해요."

이런 저를 보며 어느 교수님은 '졸업이 힘들겠다'는 말을 건네시기도 했습니다. 제도 이론은 제법 많이 연구가 이루어진 분야라서 추가로 연구할 수 있는 여지가 많지 않다는 이야기였습니다. 저는 종종 HR이라는 일을 좋아한다고 말합니다. 조금 어려워 보이는 길일 수 있지만 2025년 현재 저에게 '제도'라는 단어는 인사 담당자로 살아온 18년이라는 시간이 가리키고 있는 지점이기도 하고, 제도가 미래 시대에 HR이라는 일이 가치 있는 일이 되도록 만드는 길에 조금은 도움이 될 수 있으리라는 생각을 합니다. 이는 HR이라는 일에 대해 제가 보내는 일종의 러브레터이자 동시에 인사 제도가 구체적으로 움직이는 현장으로서 기업과 구성원에 보내는 러브레터이기도 하죠.

이 책은 인사 실무자와 인사 제도를 고민하는 실무자의 질문과 대답으로 구성되어 있습니다. 인사 담당자로서 우리들은 현장에서 수많은 질문을 마주합니다. 때로는 같이 고민하기도 하고 때로는 그냥 모른 척 지나치기도 합니다. 실무자로서 우리들이 마주하는 다양한 질문들에 대해 실무자로서 각자의 관점에서 나름의 답을 찾아가는 길에 이 책이 작게나마 도움이 되었으면 좋겠습니다.

차례

CHAPTER
1

제도란?

10만 조각 퍼즐을 처음 맞춘다고 생각해 보죠. 모든 게 새롭고 또 동시에 난감하죠. 어떤 조각부터 어느 영역부터 맞춰야 할지 모르니까요. 그런데 계속 시행착오를 반복하다 보면 퍼즐을 맞추는 데 기준이 되는 조각, 영역들을 만날 수 있습니다. 그 기준이 되는 조각, 영역을 찾고 나면 퍼즐 맞추기가 훨씬 쉬워지죠.

제가 인사 업무를 만난 건 2006년 1월이었습니다. 인사라는 퍼즐판이 있는데 전체 그림이 뭔지도 모른 채 일을 해야 했죠. 더욱이 손에 쥔 퍼즐 조각들도 많지 않았고요. 그래서 일단 퍼즐 조각부터 모으기 시작했습니다. 실무를 하고, 학원을 다니고, 인사 세미나, 특강 등을 찾아 다녔어요. 그렇게 일단 모을 수 있는 퍼즐 조각들을 모아서 실제 판에 맞춰보기 시작합니다. 현장에서 어떻게 작동하는지를 확인하는 과정인 거죠. 그리고 18년이 지나서 비로소 인사라는 퍼즐을 맞추는 기준을 이야기하는 거죠. 그게 바로 인사 제도입니다.

'인사 제도가 문제야'라는 말을 종종 합니다.

개념적으로 보면 인사 제도는 항상 '문제 상태'에 있다고 할 수 있습니다. 이를 이해하려면 우선 '문제'라는 단어를 이야기할 필요가 있습니다. 문제라는 단어를 저는 '현재 상태와 바람직한 상태 사이의 갭gap'이라고 말합니다. 우리가 바람직하다고, 정답이라고 생각하고 바라는 상태가 있는데 현재 상태는 그 바람직한 상태가 되기에는 부족함이 있는 거죠.

우리가 나무판자에 못을 하나 박는다고 생각을 해 볼까요. 여기에서 바람직한 상태는 나무판자에 못이 제대로 박혀 있는 상태라고 할 수 있습니다. 그리고 현재 상태에서 우리는 한 손에는 못을 들고 있죠. 나무판자에 못을 박기 위해 우리는 도구를 사용할 겁니다. 망치라는 도구죠. 그런데 여기에서 또 문제가 발생합니다. 망치가 불량일 수도 있고, 망치질을 하다 보니 못이 휘어지는 상황이 발생할 수도 있습니다. 심한 경우 나사못을 박아야 하는데 쇠망치를 들고 있을 수도 있죠.

문제 상태를 해결하기 위해 도구를 사용했는데
도구가 또 문제라면…

말 그대로 정말로 '문제'인 거죠. 그런데….

생각해 보면 세상의 어떤 못에도 사용할 수 있고 아무리 사용해도 절대 부서지지 않는 망치란 없죠. 묠니르(노르드 신화의 천둥신 토르의 망치)라면 모르겠지만, 토르의 망치로 못을 박는다고 생각해 보면 자칫 못이 부러지지 않을까요?

인사 제도는 도구입니다. 공정한 평가/보상이라는, 일하기 좋은 기업이라는, 기업 경영이라는 바람직한 상태를 달성하기 위한 도구죠. 현재 상태는 체계적이지 않은데 체계적인 바람직한 상태를 만들기 위해 인사 제도를 사용합니다. 그런데 인사 제도는 토르의 망치가 아니죠. 설사 토르의 망치라 해도 문제를 해결하기에 적합하지 않을 수 있습니다. 도구는 문제 해결에 적합해야 합니다. 적합한 인사 제도를 적합하게 사용할 때 문제가 해결될 수 있죠.

적합한 인사 제도를 적합하게 사용한다는 건 어떤 걸까요?

'적합하다'는 말 속에는 '판단의 기준이 있음'이 포함되어 있습니다. 그 판단의 기준을 우리는 '방향성'이라 부릅니다. 우리가 가고자 하는 방향이 있는데 그 방향으로 나아가는 것이 적합한지 물어보고 판단하는 거죠.

'적합한 인사 제도'는 '우리가 가고자 하는 방향에 부합하는 인사 제도'를 말합니다. 여기에서 '우리가 가고자 하는 방향'을 달리 표현하면 '왜 하는가'로 말할 수 있습니다. 실제 현장에서 실무자로서 우리들은 종종 방향성, 즉 왜 하는지를 모르거나 생각하지 않은 상태로 일을 하는 경우가 많습니다. 우리가 현장에서 인사 제도를 설계 도입했을 때 인사 제도가 생각만큼 잘 운영되지 못하는 가장 중요한 이유라 생각합니다. 어디로 가야 할지 모르는데 일단 노를 젓는 거죠.

'인사 제도를 적합하게 사용한다'는 건 '방향성에 맞게 운영한다'는 것을 의미합니다. 여기에서도 방향성이 등장하죠. 과거 기업들을 보면 기획과 운영을 분리하는 경우가 있었습니다. 기획자들이 운영자들보다 상대적으로 더 인정을 받았죠. 그런데 기획이 가치를 만들어 냈음을 입증하는 건 운영을 통해서입니다. 운영으로써 입증하지 못하면 기획은 그냥 보기 좋은 보고서에 지나지 않습니다.

적합한 인사 제도가 적합하게 사용된다는 것은 제도의 방향성을 정하고 그 방향성에 부합하게 제도를 설계하고 운영한다는 것을 의미한다고 할 수 있습니다.

Q 005 앞서 인사 제도는 토르의 망치가 아니라고 하셨어요.

쇠못을 나무판자에 고정할 때 우리는 쇠망치를 사용합니다. 나사못을 고정하려면 드라이버가 필요하죠. 인사 제도는 방향성에 최적화된 도구입니다. 따라서 그 방향에서 벗어나 있는 영역들을 모두 고려하지 못할 가능성을 항상 가지고 있죠.

더욱이 망치질을 하는 건 사람입니다. 사람은 불완전하죠. 나무판자에 못을 박으려면 망치로 못을 때려야 하는데 나무판자를 내리찍거나 빗맞아 못이 휠 수도 있죠. 못이 휘면 휜 부분을 두드려 잘펴는 작업을 해야 합니다. 경우에 따라서는 전반적인 새 작업이 필요할 수도 있죠. 여기에서 중요한 건 방향성입니다. 못을 펴는 과정, 새 작업 과정은 방향성까지 흔드는 것이 아니라 방향에 더욱 적합하게 인사 제도를 다듬는 과정입니다. 이 과정을 우리는 제도 개선이라 말하며, 이 개선 과정에서 중요한 것이 소통입니다.

'소통'이라는, 쉽지만 어려운 단어가 나왔네요.

인사 제도를 제품이라고 생각해 봤으면 합니다. 인사 담당자가 인사 제도를 만들어서 출시합니다. 제품을 출시했는데 우리의 제품을 사는 사람이 없다면 그 제품이 아무리 뛰어난 기능을 가지고 있어도 가치를 인정받았다고 할 수 없을 겁니다.

이런 경우는 어떨까요? 우리가 제도를 기획·설계할 때 방향성이 있었는데 제도가 다른 방향으로 사용되는 경우가 있을 수 있죠. 예를 들어 상대 평가를 진행하면서 발생하는 평가자 오류를 줄이기 위해 평균-편차 조정을 했더니 현장에서 평가자들이 이를 이렇게 활용하는 거죠.

"나(평가자)는 점수를 잘 줬는데 인사팀에서 점수를 조정했더라."

우리는 제도 공정성을 위해 평균-편차 조정을 사용했지만 평가자는 자신의 책임을 회피하는 용도로 사용하여 평가의 공정성을 해치는 결과로 활용했습니다.

소통이 필요하죠. 인사 제도에서 소통은 크게 3가지로 구성됩니다. Why, How, What으로 말이죠.

어디선가 비슷한 걸 본 적이 있는 거 같은데요.

사이먼 시넥^{Simon Sinek}이라는 사람의 TED 영상이 있습니다. 〈How great leaders inspire action〉이라는 영상이죠. 이 영상에서 제시된 개념이 있죠. 골든 서클^{Golden Circle}로 불린 Why, How, What입니다. 영상에서 사이먼 시넥은 애플사의 예를 들어 Why, How, What을 이렇게 설명합니다.[02]

일반적인 기업들의 마케팅 메시지 방식

(What) "우리는 훌륭한 컴퓨터를 만듭니다."

(What-description) "그것들은 매우 아름다운 디자인에, 쉽게 이용할 수 있고 편리합니다."

반면 애플사가 전하는 마케팅 메시지는 이렇습니다.

애플사가 전하는 마케팅 메시지 방식

(Why) "우리가 하는 모든 것들, 우리는 기존의 현상에 도전하고 다르게 생각한다는 것을 믿습니다."

(How) "기존의 현상에 도전하는 우리의 방식은 제품을 아름답게 디자인하며, 간단히 사용할 수 있고, 편리하게 만드는 것입니다."

(What) "우리는 방금 훌륭한 컴퓨터를 만들었습니다."

21

이를 인사 제도에 적용하면 다음과 같습니다.

제도가 잘 안 되는 기업들의 메시지 방식

(What) "OKR 제도를 시행합니다."

(What-description) "이런 절차, 양식, 기간(기한)에 따라서 운영되며, 시스템 이용은 매뉴얼을 참고해 주세요. 기타 문의 사항은 언제든 인사팀으로 문의 주시길 바랍니다."

반면 제도가 잘 운영되는 기업들의 메시지는 이렇습니다.

제도가 잘 운영되는 기업들의 메시지 방식

(Why) "우리 기업은/인사는 기업과 구성원이 함께 성장하는 기업을 만들 수 있다고 믿습니다."

(How) "기업/인사는 함께 성장하는 환경으로서 인사 제도를 고민하고 있습니다."

(What) "그 고민의 결과로 우리는 OKR을 만들었습니다."

(What-description) "구체적인 절차, 양식, 기간(기한)은 매뉴얼을 참고해 주시고, 더 궁금하신 사항은 언제든 인사팀에 문의 주시길 바랍니다."

'방향성', '왜 하는가', 'Why'는 표현은 다르지만 같은 의미라고 생각되는데 어떻게 정할 수 있을까요?

방향성을 정하기 위해 우리가 살펴보아야 할 두 가지 요소가 있습니다. 하나는 방향성의 기준이 되는 주체이고, 다른 하나는 그 주체들을 하나로 연결하는 것입니다.

먼저 방향성의 주체로 우리는 크게 기업corporate, 부서division, 개인individual을 듭니다. 그리고 이 주체들의 방향성을 하나로 연결하려고 하는데 이를 '정렬alignment'이라 합니다. 우리는 기업 방향성을 정하고 그 방향성에 부합하는 부서의 방향성을 이야기하고, 다시 부서의 방향성에 부합하는 개인의 방향성을 잡는 방식으로 구조를 잡곤 합니다. 하지만 실제 현장에서 이러한 연결성이 온전히 이루어지는 건 말로 하는 것보다 훨씬 어려운 일입니다. 우리는 현장에서 종종 개인 목표는 달성되었지만 기업 목표는 달성되지 않는 상황들을 만나곤 합니다.

제가 제안하는 건 방향성의 주체를 기업, 부서 혹은 부서 리더, 개인이 아닌 직무로 삼는 것입니다. 우리는 채용을 할 때 모집 공고에 수행할 직무 내용이 있죠. 만일 기업이 해당 직무가 필요하지 않다면 채용을 진행하지는 않을 겁니다. 직무는 기업과 사람을 연결합니다. 그런 의미에서 직무는 일종의 매개체라 할 수 있습니다. 채용에서 직무가 기업과 사람을 연결한다면 채용 이후 직무는 기업과 구성원(개인)을 연결하는 역할을 한다고 할 수 있습니다. 이를 그림 으로 그려보면 다음과 같이 표현할 수 있겠죠.

인사 제도의 방향성은 무엇일까요?
또 어떻게 정할 수 있을까요?

인사 제도의 방향성을 정하는 데 필요한 건 리더의 전문성과 구성원의 참여와 공감입니다. 인사 제도의 방향성을 정한다는 건 인사 제도에 관련된 다양성을 고려하여 그 속에 흐르는 맥락·흐름을 이해하고 표현할 수 있음을 말합니다. 이는 단순히 지금 당장 유행하는 제도를 도입하는 것이 아니라 해당 제도를 도입해서 만들고자 하는 기업·부서·개인의 모습을 그려보는 일을 포함합니다. 그것도 조금은 먼 미래의 모습을 말이죠. 따라서 이는 인사 제도에 대한 어느 정도의 경험과 지식을 갖춘 전문성을 필요로 합니다.

인사 제도의 방향성을 제시할 수 있는 리더가 있더라도 실제 현장에서 제도를 직접 다루는 건 인사팀 구성원들입니다. 따라서 인사 리더는 자신의 생각을 구성원과 공유하고 공감을 확보하는 소통 능력을 가지고 있어야 합니다.

Q |011| 사실 스타트업 등에서 방향을 제시할 수 있는
리더를 선발하기가 어려울 수도 있어요.

그래서 혹시 인사 제도의 방향을 잡고 싶은데 인사 리더 채용이 어렵거나 부담스러우시다면 '성장'이라는 키워드를 제안합니다. 성장이라는 단어를 싫어하는 기업, 사람은 아마 없지 않을까 생각합니다. 모두에게 긍정적인 첫인상을 줄 수 있죠. 성장이라는 키워드로 저는 인사 제도를 이렇게 표현합니다.

"기업과 구성원(개인)이 함께 성장하는 환경으로서 인사 제도"

방향성은 기본적으로 추상적이고 개념적입니다. 다소 이상적인 이야기처럼 들리기도 하죠. 그래서 방향성은 한번 정하면 쉽게 바뀌지 않는 성질을 가집니다. 방향성은 사람들에게 일관성을 제공하며 이 일관성이 지켜지는 시간 동안 진심, 신뢰와 같은 단어들이 형성되기 시작합니다.

방향성은 추상적이고 먼 미래의 바람직한 상태를 담고 있지만, 지나친 먼 미래의 장밋빛만 바라보면 어느 순간 지치는 우리들을 만나게 될 수 있습니다. 우리가 어디로 가고자 하는지(방향성)를 정했다면 우리에게는 그 방향으로 잘 가고 있는지 확인할 무언가가 필요합니다. 이를 산출물이라고 말합니다.

방향성은 '우리는 어디로 가고자 하는가'를 말합니다. '퇴근하기' 미션을 생각해 보면 퇴근하기 미션의 방향성은 '집'이라고 말할 수 있습니다. 회사 사무실에서 나와 지하철역으로 가서 방향을 확인하고 지하철을 탑니다. 지하철을 타서 다음 역을 보니 뭔가 이상합니다. '집'이라는 방향과 반대 방향으로 지하철을 탄 거죠. 반대 방향 지하철을 탔음을 인지하면 지하철을 내려서 반대편 승강장으로 이동해서 지하철을 갈아타겠죠.

방향성이 '우리는 어디로 가고자 하는가'를 이야기한다면, 산출물은 '우리가 가고자 하는 방향으로 잘 가고 있는지 무엇으로 확인할 수 있는가'를 의미합니다. 위의 퇴근하기 미션에서 지하철역 표시가 그렇죠. 지하철을 타고 바로 다음 지하철역, 혹은 갈아타는 지하철역 등이 이에 해당합니다. 퇴근하기 미션에서 사전에 정한 지하철역을 확인했다는 건 우리가 집으로 잘 가고 있음을 확인해 주는 주요 산출물이 됩니다.

방향성은 닻anchor의 역할을 합니다. 닻은 거센 바람이 불어도 배가 떠내려가지 않도록 잡아주는 역할을 합니다. 산출물은 우리가 정한 방향으로 잘 가고 있는지 확인해 주며, 만일 잘못된 길로 가고

있다면 이를 알 수 있게 도움으로써 우리의 행동을 유인하는 역할
을 하죠.

하신 이야기가 무척 익숙한데요?

'어디로 가고자 하는가'와 '우리가 잘 가고 있는지 무엇으로 확인할 수 있는가'는 성과 관리의 기본 원리입니다. 우리가 회사에서 하는 모든 일에 적용이 가능하죠. 만일 OKR을 들어 보셨거나 OKR을 경험해 보셨다면 더욱 그렇게 느끼실 수 있을 겁니다.

인사 제도란 무엇일까요?

인사 제도에서 방향성이나 Why가 중요하다는 이야기를 하다가 OKR까지 이야기가 나왔네요. OKR도 인사 제도의 하나라 보면 이후 좀 더 이야기를 하게 될 순간이 올 거 같아서 지금은 인사 제도에 조금 더 집중해 이야기를 해봤으면 합니다. 그런 의미에서 우리는 지금 인사 제도를 이야기하고 있는데, 어쩌면 가장 중요하고 기본적인 질문을 하나 간과하고 있었던 듯합니다.

"인사 제도란 무엇일까요?"

기업 경영이 잘 되고 있다는 건 어떤 의미일까요? 아마도 기업 내 각 기능·역할들이 제 몫을 다하고 있고, 이들 기능·역할들이 상호 유기적으로 연결되어 상호 작용이 이루어지고 있는 상태라 말할 수 있을 겁니다. 인사 제도란 무엇인가? 참 어렵고 무서운 질문이긴 한데요. 오카시오Ocasio라는 학자가 말한 제도에 대한 정의를 인용하여 답을 드립니다.

"제도란 우리 기업에서 당연한 것으로 받아들여지는 역할과 상호 작용의 체계이다.[03]

Q 016

'역할과 상호 작용 체계로서 인사 제도'를
어떻게 만들 수 있을까요?
우리 인사 담당자들은 사실 제도를 어떻게 만들 수 있을까?에
좀 더 관심이 많죠.

앞서 인사 제도를 도구라고 말씀드렸지만 인사 담당자에게 인사 제도는 산출물이기도 합니다. 인사 제도라는 제품을 만들려면 또 다른 도구가 필요하죠. 인사 담당자가 인사 제도를 만드는 데 필요한 도구로는 다음 세 가지가 있습니다.

"절차, 양식, 기한"

인사 담당자가 인사 제도를 만드는 도구 세 가지에 대해 좀 더 이야기를 해볼까요?

　인사 담당자가 인사 제도를 만들 때 사용하는 도구 세 가지는 절차, 양식, 기한입니다.

　라면을 사면 포장지에 조리법이 있습니다. 물이 끓으면 라면을 넣고 스프를 넣는 등 조리 순서를 알려주죠. 인사 제도에서 우리는 이를 절차라 말합니다. 우리가 만든 제품으로서 인사 제도를 어떠한 순서대로 사용하면 성장을 위한 최적의 상태, 라면이 가장 맛있는 상태가 된다고 알려주는 거죠.

저는 평소 라면을 끓일 때 조리법 안 보는 걸요.

　그렇죠. 저도 그래요. 절차는 일종의 가이드죠. 하지만 라면을 한두 번 끓이다 보면 조리법을 보지 않고도 라면을 끓일 수 있죠. 라면을 끓인다고 했을 때 그 절차를 우리는 이미 당연한 것으로 알고 있으니까요. 절차를 통해 만들고자 기대하는 상태는 '당연한 것으로 절차가 인식된 상태, 그래서 제도가 아니어도 자율적으로 판단하고 행동할 수 있는 상태'인 거죠.

그러면 절차가 계속 필요할까요?

라면 이야기를 좀 더 해볼까요? 대부분의 사람들에게 라면을 끓이는 건 그리 어려운 일은 아닐 겁니다. 그런데 라면을 처음 끓여보는 사람이라면 어떨까요? 또는 라면은 라면인데 비빔면이라면요? 이런 경우 조리법이 필요할 겁니다.

기업이라는 공동체를 우리는 개방 체계open system라 말합니다. 열려 있으니 주변 환경과 수시로 상호 작용하고 그 과정에서 들어오는 사람들이 발생합니다. 기존 우리들에게 기존 절차는 당연한 것이지만 새로 들어오는 사람들에게는 당연한 것이 아닐 수 있죠. 그들에게는 여전히 가이드로서 절차가 필요합니다.

또 우리가 당연한 것으로 해놓고 보니 결과가 이상한 경우가 발생할 수 있습니다. 라면을 끓이면서 건더기 스프를 생략했다거나 하는 경우죠. 절차는 이러한 경우 우리들이 놓친 것들을 확인할 수 있게 도와줍니다.

한 가지 더 이야기하고 싶은 건 앞서 우리가 절차라는 단어를 사용하면서 다소 정답의 느낌처럼 '절차'라는 단어를 사용했는데, 인사 제도에서 절차는 사실 매 순간 진화하고 있기도 합니다. 절차라는 걸 만든 인사 담당자도 사람이고 모든 경우의 수를 완벽하게 예상한다는 건 불가능하니까요.

인사 담당자는 미처 생각하지 못했는데 누군가 물이 끓기 전에 라면과 스프를 넣고 끓이기 시작했다고 가정해 보죠. 그랬더니 우리가 가고자 하는 방향, 즉 더 맛있는 라면이 나왔다는 거죠. 절차는 이러한 상황들을 운영 과정에서 계속 만납니다. 이를 통해 절차를 계속 개선해 가는 거죠.

양식form은 몇 가지 복수의 역할을 가지고 있습니다. 우선 양식은 절차를 운영한 결과로서 산출물을 담는 그릇 역할을 합니다. 기업마다 인사 평가의 모습들은 크고 작은 차이가 있겠지만 일반적으로 본인 평가-1차 평가-2차 평가의 과정을 가지고 있죠. 각 절차들이 진행되면 평가 결과라는 산출물이 나옵니다. 양식은 이 산출물을 담는 그릇이라 할 수 있죠. 그것도 항목별로 구분되어 있는, 그래서 산출물들이 한데 섞이지 않고 구분되어 담을 수 있는 그릇입니다. 평가 양식에 존재하는 목표, 가중치, 성과, 등급 등의 항목들이죠. 그래서 양식은 기본적으로 구조화되어 있습니다.

구조화되어 있다는 건 일정한 목적을 위하여 인위적으로 설계되어 있음을 말하죠. 인사는 양식에 담긴 구조화된 정보들을 통해 인사 업무 활동을 수행합니다. 인사 평가라면 등급을 활용해 보상 수준 결정에 활용할 겁니다. 평가자의 평가 의견, 다면 평가 의견, 평소 인사팀이 알고 있는 평판 등을 종합해 리더로서의 발령 혹은 필요한 교육 지원 등으로 활용할 수 있고, 필요한 경우 저성과자 관리에 활용할 수도 있을 겁니다. 경우에 따라 팀 리더들이 구성원에 대해 코칭하는 재료로 활용할 수도 있죠. 물론 평가 제도를 개선하는 데에도 활용할 수 있습니다.

이 관점에서 양식은 인사에 필요한 구성원 정보를 제공하는 역할을 수행합니다. 이는 인사 담당자에게 중요한 의미를 가집니다. 인사 담당자가 필요로 하는 정보를 양식의 항목으로 설계함으로써 해당 정보 획득이 가능함을 의미하기 때문입니다. 앞서 인사 제도를 이야기하며 왜 하는가? 즉 방향성이 중요하다고 했었습니다. 왜 하는가가 있어야 우리에게 필요한 정보가 무엇인가를 정의할 수 있습니다. 다시금 왜 하는가를 강조해 봅니다.

기한은 시간을 말하는 걸까요?

네 맞습니다. 다만 '언제까지'라는 의미로 기한이라고 표현하죠. 기업에서 우리가 하는 모든 일은 기한을 가지고 있습니다. 인사가 절차를 만들어서 절차에 따라 산출물이 나오는데 그 산출물이 언제 나올지 모른다면 안 될 겁니다. 그래서 언제까지라는 요소가 추가되는 거죠. 인사 평가를 1년에 한 번 할지, 반기마다 할지, 분기마다 할지 등을 정하는 것이라 할 수 있겠죠.

인사 제도를 만드는 도구를 포함해
인사 제도를 정의한다면?

> 인사 제도란 인사 담당자가 절차, 양식, 기한을 활용하여 만드는, 기업 내에서 당연한 것으로 받아들여지는 단위 조직 및 구성원의 역할과 상호 작용을 규정하는 체계이다.

라고 말할 수 있습니다. 인사 담당자의 역할은 이러한 인사 제도를 만들고 운영하여 제도의 Why를 달성하는 것이라 할 수 있습니다.

Q | 023

인사 제도를 우리는 계속 도구라고 했어요.
도구를 잘 사용하려면 도구의 특성을 알아야 할 것 같은데요.
도구로서 인사 제도가 가지는 특성이 있을까요?

우리 회사의 근무 시간은 9 to 6입니다. 9시까지는 사무실에 출근을 해야 하죠. 이제 근태 관리를 정확히 하기 위해 근태 관리 어플을 활용하는 근태 관리 제도를 시행하기로 합니다. 제도 시행 이후 구성원들은 기존에 9시까지 사무실에 출근하는 행동에 더해 추가적인 행동을 해야 합니다. GPS로 사무실 기준 반경 100m 범위 내에서 근태 관리 어플을 켜고 출근 버튼을 누르는 행동입니다. 근태 관리 제도가 구성원의 행동에 영향을 준 거죠. 시행 초기에는 익숙지 않아 출근 체크를 누락하는 상황이 종종 발생하다가 어느 순간부터 출근 체크를 하지 않는 상황들이 줄어들기 시작합니다.

여기에서 우리는 인사 제도의 두 가지 특성을 이야기할 수 있습니다. 먼저 강제성입니다. 인사가 제도를 시행하면 설사 그 제도를 부정적으로 생각하고 있더라도 인사 제도가 영향을 미치는 기업 내 구성원이라면 일단 따라야 합니다. 제도가 가지는 강제성은 의사 결정권자로서 인사 임원 혹은 대표이사의 승인을 그 힘의 기반으로 두고 있습니다. 따라서 때로는 이들 의사 결정권자를 통제하거나 제한하는 데에는 한계를 가지고 있기도 합니다.

강제성을 가진다는 것은 그 힘의 방향이 일방향임을 말합니다. 그 화살표 방향은 구성원을 향하고 있습니다. 제도의 시작은 강제적일 수 있지만 제도의 완성은 강제성만으로는 부족합니다. 제도는 강제성을 가지고 있기에 그 반대급부로 제도에서 소통이 무엇보다 중요합니다.

강제적으로 무언가를 한다는 게 그리 좋은 느낌은 아니죠. 실제 예전에는 인사팀이 시행한 제도에 대해 구성원의 불만이 제기되면 이렇게 대응하기도 했죠.

"대표님 지시 사항이에요"

혹은

"대표님이 승인하신 사항입니다"

와 같이, 앞서 이야기한 강제성을 사용하는 방식인 거죠.

근태 관리를 해야 하는데 특정 구성원 혹은 특정 팀에서 출근 체크를 잘 안 합니다. 출근 체크가 안 되었다고 메일도 보내고 팀 리더에게도 이야기하는데 매번 이런저런 핑계를 대거나 '신경 쓸게요'라는 말만 돌아오고 계속 지켜지지 않죠. 겉으로는 제도를 지키는 것처럼 보이지만 실제로는 제도가 이야기하는 것과 다르게 행동하는 것, 이러한 현상을 '디커플링decoupling'이라고 합니다. 왜 간혹 방 청소를 해야지 하고 생각하고 있었는데 부모님이 오셔서 '방 청소 좀 해라'라고 말하면 갑자기 하기 싫어지기도 하잖아요. 다양한 이유로 이와 유사한 현상들이 발생하기도 합니다.

그래서 인사 제도는 소통이 중요합니다. 우리가 이 제도를 왜 하는지, 무엇을 할 거고, 그래서 어떻게 이용하면 되는지에 대한 공통의 인식을 만드는 과정인 거죠. 소통이 잘 이루어지면 인사가 '출근 체크하세요'라고 매일 같이 확인하고 출근 체크를 하지 않은 사람들에게 안내 메일을 보내지 않아도 되는 상태로 나아갈 수 있고, 시간이 누적되면 어느 순간 구성원 대다수는 아침 출근 체크를 하기 위해 동일한 행동을 하고 있을 겁니다. 때로는 동료들이 이렇게 이야기해 줄 수도 있겠죠.

"근태 관리 어플 출근 체크했어요?"

이렇게 제도가 받아들여져서 당연한 것으로 인식되어 동일한 행동으로 나타나는 상태를 '동형화isomorphism'라고 합니다.

인사 제도는 기본적으로 강제성을 기반으로 영향력을 행사합니다. 인사 제도가 계속 강제성에만 의존하면 겉과 실제가 다른 디커플링이 발생할 가능성이 높아지지만, 강제성을 소통으로 연결하면 우리 기업이 일하는 당연한 방식으로서 인사 제도를 만들어갈 수 있습니다.

도구로서 인사 제도에 대해서 이야기를 계속해
왔습니다. 인사 제도가 무엇이고 인사 제도가 어떤 특성을
가지고 있는지, 또 인사 제도를 만들기 위해 인사 담당자가
사용할 도구로서 절차, 양식, 기한도 이야기를 했어요.
그런데 조금은 개념적이라는 생각이 듭니다.

현장에서 일을 하는 과정에서 우리는 생각보다 개념적인 부분을
만날 기회가 없다는 생각을 합니다. 이건 제가 18년간 현장에서 일
을 하면서 느낀 부분이기도 하고요. 균형을 맞춘다는 필요성도 있
겠지만 개인적으로 개념을 강조하는 이유는 사람이 가진 가능성을
믿기 때문입니다.

사람은 생각하는 힘을 가진 동물입니다. 개념이 명확해지면 사
람은 생각하는 힘을 활용해 그 개념을 구체화할 수 있죠. 그 구체화
된 모습은 인사 담당자마다 크고 작은 차이점들을 가지고 있을 겁
니다. 각자 우리 기업에 가장 적합한 방식을 선택하는 것이죠. 그리
고 무엇보다 중요한 건 개념을 이해하고 있는 인사 담당자들은 이
야기가 다른 길로 새지 않고 구성원들과 인사 제도에 관한 소통을
만들어갈 수 있다는 점에 있습니다.

그런데 만일 제도에 담긴 개념을 이해하지 못한 채 보이는 외형
만을 모방한다면 어떨까요? '삼○이, 구○이 이렇게 한대'가 우리

가 할 수 있는 최선의 대답이 될 겁니다. 지난 시간에서 개인적으로 많이 만나온 모습들이고, 그 결과는 다음의 말로 귀결됩니다.

"우리 기업과 맞지 않아."

우리가 흔히 물고기를 잡아 주는 것과 물고기를 잡는 법을 아는 것의 차이라고 비유하죠. 답이 정해져 있는, 달리 말해 다양성이라는 가치가 존재하지 않거나 필요하지 않은 환경에서는 물고기를 잡아 주는 것이 최선의 선택일 수 있습니다. 반면 다양성이 중요하거나 기본적으로 다양성이 전제되어 있는 대상, 환경에서는 물고기를 잡는 방법을 아는 것이 중요합니다. 그래야 우리에게 적합한, 우리가 필요로 하는 물고기를 잡을 수 있으니까요.

Q | 027

솔직히 개념이 중요하다는 말에는 공감하지만
그러면서도 참 어려운 단어라는 생각을 합니다.
어쨌든 구체적이지 않으면 멀어질 수밖에 없으니까요.

같은 생각입니다. 지금 우리가 나누고 있는 이야기도 지금까지의 이야기에서 끝나면 의미가 없죠. 지금 우리가 대화를 나누는 이유도 궁극적으로 현장에서 고군분투하며 인사 제도를 만들고 운영하는 인사 담당자들에게 도움이 되고자 함이니까요. 구체적인 과정을 이야기해 보죠.

인사 제도 설계를
구체적으로 어떻게 해야 할까요.

인사 제도 설계를 구체적으로 이야기하려면 그 전에 한 가지 더 이야기해야 할 부분이 있습니다. 바로 '인사 제도'라는 단어입니다. "또 개념 이야기야?"라고 하실 수도 있는데, 사실 '인사 제도'라는 단어는 일종의 집합적 의미를 가진 단어입니다. 인사라는 일을 세부적으로 보면 채용, 평가, 노무, 교육, 보상 등 매우 다양하게 구성되어 있죠. 우리가 만드는 인사 제도는 현장에서는 채용 제도로서 채용 프로세스, 사내 추천 제도 등으로 구체화됩니다. 인사 제도는 이들을 통칭하는 말이죠. 따라서 인사 제도 설계를 구체적으로 이야기하려면 우선 인사라는 일의 하위 영역으로서 일을 하나 정할 필요가 있습니다.

듣고 보니 그렇네요.
그럼 인사 업무 중 어느 부분을 다루는 게 좋을까요.

우리는 인사 업무의 영역을 종종 '채용부터 퇴직까지'라고 표현하곤 합니다. 10년쯤 전에 제가 인사 업무를 배우고 경험을 쌓아가던 때에는 이 '채용부터 퇴직까지'를 이렇게 표현하곤 했습니다.

> "채용 관리 – 배치 관리 – 교육 관리 – 평가 관리 – 보상 관리 – 퇴직 관리"

그로부터 10년이 넘는 시간이 지난 지금 저는 이를 이렇게 바꿔서 이야기합니다.

> "채용 관리 – 온보딩 – 성과 관리 – 오프보딩"

성과 관리 제도
설계

배치, 교육, 평가, 보상이
성과 관리로 묶인 거 같네요.

말씀하신 대로 가장 큰 변화는 배치와 교육, 평가와 보상이 성과 관리라는 하나로 통합된 것입니다. 이는 배치, 교육, 평가, 보상이 순서대로 발생하는 것이 아니라 매 순간 상호 작용을 하고 있기 때문입니다. 이들은 덧셈이 아닙니다. 곱셈이죠. 어느 하나라도 0이 되면 성과가 제한되는 구조입니다. 개별로 보는 것이 아니라 통합적인 관점으로 보아야 하죠. 이를 우리는 성과 관리라고 합니다. 성과 관리 제도, 오늘 우리가 만들어볼 제도입니다.

Q | 031

성과 관리 제도, 좋네요.
사실 많은 기업, 인사 담당자들이 중요하다고
생각하면서도 많이 어려워하고 그만큼 고민도 많이 하는
분야이기도 하죠. 어디부터 시작할까요?

모든 인사 제도 설계를 시작하는 질문은 Why, 왜 하는가?입니다. 우리가 만들려고 하는 건 성과 관리 제도니까 다음과 같이 물어볼 수 있겠죠.

"성과 관리는 왜 하는 걸까요?"

혹은

"성과 관리를 왜 하려고 하시나요?"

Q | 032

성과 관리는…
성과를 내기 위해서 하는 것 아닐까요?

맞습니다. 성과 관리는 성과를 내기 위해서 하는 것이죠. 그런데 여기에서 성과란 무엇일까요? 등산을 할 때 산 정상에 올랐다면 우리는 성과를 달성한 걸까요? 그렇다면 그다음에 우리의 성과는 무엇일까요?

경영이라는 활동은 성과를 만들어내는 활동입니다. 경영의 한 영역으로서 인사가 하는 성과 관리도 다르지 않죠. 중요한 건 그 성과의 성격입니다. 경영 활동에서 성과는 지속성을 전제로 합니다. 단순히 일회성의 성과가 아니라 지속적인 성과를 말합니다. 이를 우리는 '지속 가능한 경영'이라고 합니다. 여기에서 지속 가능한 성과를 이 책에서는 '성장'이라 말합니다.

기업이 지속 가능한 성장을 만들어내는 경영 활동을 이어가기 위해서는 성과를 관리하는 시스템, 즉 성과 관리 제도가 필요합니다.

시스템이라는 단어,
자주 만나고 사용하기도 하는데, 뭘까요?

이렇게 생각해 볼까요? 기업 내 시스템이 없는 상태 말이죠. 반
복적인 일인데 매번 상급자에게 물어보고 일을 합니다. 리더는 의
사 결정을 하지 않으려 하고 갈등이 발생하면 모두 회피하면서 갈
등 상황이 반복되고 깊어집니다. 구성원의 일탈 행위가 있을 때 아
무런 제재도 없고 상급자는 은근슬쩍 넘어가려 합니다. 사소한 실
수 하나로 일 잘하는 동료가 해고되고 상급자의 기분 상태를 파악
해야만 살아남을 수 있죠.

어우, 생각만 해도 싫은데요.

시스템은 일종의 균형을 유지하는 장치입니다. 기업 구성원에게 해야 하는 것, 할 수 있는 것, 해서는 안 되는 것을 명시적 혹은 암묵적으로 알려주고, 잘한 일에 잘하고 있다는 메시지를 주고, 해서는 안 되는 일을 예방하고, 발생 시 제재를 가하죠.

반복적인 일들은 절차를 사전에 정해 두어 매번 상급자의 확인을 받지 않고 실무자가 주도적으로 일을 처리할 수 있게 하고 갈등 상황이 발생했을 때 갈등을 해소하는 자정 작용이 작동하게 합니다. 그래서 기본적으로 기업이 유지될 수 있도록 하죠. 시스템은 기업이라는 유기체有機體가 일종의 항상성恒常性을 유지할 수 있게 해주는 장치입니다.

이 시스템을 구성하는 두 가지 요소가 있습니다. 역할과 상호 작용이죠. 앞에서 우리는 제도를 역할과 상호 작용의 체계로 정의했었습니다. 인사 제도를 설계·도입한다는 것은 우리 기업에서 해야 하는 것, 할 수 있는 것, 해서는 안 되는 것을 담은 역할과 상호 작용 체계를 도입한다는 것을 의미합니다. 그 제도가 일정 기간 유지되어 '당연한 것'으로 받아들여지면 비로소 역할과 상호 작용들로 구성된 시스템이 안정화되었다고 말할 수 있습니다.

Q | 035   성과 관리 제도는 성과를 내는 데 필요한 역할과 상호 작용을 구체화하는 것이라 할 수 있겠네요.

성과를 관리하는 데 필요한 역할과 상호 작용을 한번 생각해 볼까요. 일단 성과를 정해야 할 겁니다. 성과가 무엇인지 모르면, 즉 어디로 가야 할지를 모르면 그곳에 도착해 놓고도 성과를 알아차리지 못하겠죠. 그 성과를 언제까지 달성할지도 정해야 하죠. 그리고 그 성과를 달성했음을 확인할 수 있는 기준도 정해야 합니다. 이 성과는 한번 달성하면 '끝!'이 아니라 지속 가능한 성과, 즉 성장을 위한 성과여야 합니다. 성장을 위해 우리는 성과를 기준으로 더 나은 성과를 만들기 위한 활동을 해야 하죠. 그리고 이러한 일련의 활동에는 최소 2명 이상의 사람들이 필요합니다. 리더와 구성원 말이죠. 우리는 성과 관리 제도를 통해 우리가 나열한 활동을 리더와 구성원이 함께 할 수 있도록 그들의 역할을 제시하고 상호 작용을 유도할 수 있습니다. 그들에게 성과 관리를 할 때 해야 하는 일, 할 수 있는 일, 해서는 안 되는 일의 기준을 제시하는 거죠.

Q | 036

그런데 우리가 계속 '성과 관리'라는 단어를
사용하고 있는데, 여기에는 '성과 평가'도 포함된 것으로
이해하면 될까요?

일단 개념상 성과 관리와 성과 평가는 구분할 필요가 있습니다. 우리가 엑셀로 표를 만들면서 셀 한 칸에 여러 개의 숫자를 모두 넣지는 않죠. 셀 한 칸에 값 한 개씩이 기본이라 생각합니다. 개념을 구분하여 이해하면 합치거나 더하는 건 쉽지만 처음부터 같이 사용하면 그 구분이 힘들죠.

성과 관리와 성과 평가를 구분하는 가장 중요한 요소는 시간입니다. 성과 관리는 기본적으로 미래를 바라보고 있습니다. 성과를 관리해서 미래에 지속적으로 더 나은 성과를 만들어내는 것을 말합니다. 반면 성과 평가는 기본적으로 과거를 이야기합니다. 지난 분기, 반기 혹은 1년과 같이 특정된 지난 시간의 성과의 좋고 나쁨과 그 정도에 대해 현재 시점에서 확인합니다.

성과 관리와 성과 평가는 '현재 상태를 확인한다'는 공통점을 가지고 있습니다. 하지만 그 행위의 목적이 다르죠. 성과 관리는 미래의 더 나은 성과를 위해 현재 상태를 확인하지만, 성과 평가는 지난 시간에 잘했는지 여부를 확인하기 위해 현재 상태를 확인합니다. 이러한 개념 차이를 반영하여 우리는 성과 관리에서 현재 상태를

확인하는 것을 '진단'으로, 성과 평가에서 현재 상태를 확인하는 것을 '판단'으로 구분합니다.

성과 관리와 성과 평가는 개념적인 구분이 필요하지만 이것이 성과 관리와 성과 평가가 별개의 것임을 의미하는 건 아닙니다. 성과 관리가 원활하게 진행되면 성과 평가가 생각보다 수월할 수도 있습니다. 현장에 있는 인사 담당자에게는 이 둘의 연결 고리를 이해하는 것 역시 중요합니다. 성과 관리와 성과 평가는 구분되는 개념이지만 앞으로 우리가 만들어볼 성과 관리 제도에서는 성과 관리와 성과 평가를 같이 이야기하려 합니다. 앞에서 인사라는 분야를 이야기하면서 '채용－온보딩－성과 관리－성과 평가/보상－오프보딩' 대신 '채용－온보딩－성과 관리－오프보딩'으로 표현한 이유이기도 합니다.

Q | 037

이야기를 듣다 보니 OKR이 생각납니다.
현장에서 OKR을 도입할 때 성과 평가를 염두에 두고
평가 제도로 도입하는 경우가 많은데,
많은 OKR 관련 책이나 강의에서는 평가 보상과 분리해야
한다decoupled from compansation고 이야기를 하거든요.

저도 OKR에 대한 이야기를 간혹 하고 있어서 말씀하신 상황에 대해 듣곤 합니다. 앞서 이야기한 성과 관리와 성과 평가의 개념을 생각해 보면 OKR은 성과 평가 도구보다는 성과 관리 도구라고 말하는 것이 더 적합합니다. 따라서 OKR은 성과 평가/보상 도구가 아니라거나 적합하지 않다는 것에 기본적으로 동의합니다. 하지만 이것이 성과 관리 도구로서 OKR과 성과 평가의 연결을 단절시키는 것을 의미한다고 생각하지는 않습니다.

현장에서 성과 평가 업무를 수행하면서 제가 꾸준히 느껴왔던 건 평가와 보상의 관계가 잘못 설정되어 있다는 점이었습니다. 평가 제도가 보상 제도를 위해 존재하는, 보상 제도에 종속된 제도로 인식되었음을 말합니다. OKR이 성과 평가/보상과 분리되어야 한다는 말의 의미는 기존에 보상 제도에 종속된 개념으로서 평가 제도의 관계에서 상호 독립된 평가 제도와 보상 제도로 그 관계를 재정립하는 관점으로 보는 것이 좀 더 적합하지 않을까 생각합니다.

Q | 038

뭔가 조금은 정리가 되는 듯합니다.
그럼 본격적으로 성과 평가/보상과 연결된
성과 관리 제도를 만들어 볼까요?

가장 먼저 할 일은 성과를 정의하는 것입니다. 여기에서 성과는 '시간 개념이 반영된time-bounded' 개념으로 이야기를 했었고, 그 성과와 관련하여 리더와 구성원이라는 서로 다른 주체가 있음을 이야기했습니다.

우선 시간 개념부터 이야기해 볼까요? 성과 관리/성과 평가에서 우리들에게 익숙한 시간은 우선 1년이라는 시간을 생각해 볼 수 있습니다. OKR을 경험하신 분들이라면 분기도 익숙한 기한이겠죠. 기한을 어떻게 설정해야 할까요? 1년? 분기? 아니면 일day이나 주week 단위, 월month 단위로 해야 할까요?

이 질문에 대한 답을 찾기 위해 우리는 다음의 질문을 생각해야 합니다.

"시간/기한을 왜 정해야 할까?"

친구들과 부산에서 만나기로 합니다. 문제는 '언제'가 없다는 거죠. 서로 다른 날 혹은 동일한 날이라도 서로 다른 시간에 부산에 갔다면 친구들은 서로에게 이렇게 말할 겁니다.

"야, 부산에서 보자며. 왜 안 와?"

논쟁이 발생합니다.

"어? 난 두 시간 있다가 보는 걸로 생각했었지."
"어? 내일 보는 거 아니었어?"

등과 같은 반응들이 등장합니다. "9월 1일 오후 3시까지"와 같은 시간 개념의 적용은 우리들로 하여금 이와 같은 논쟁으로부터 자유롭도록 도와줍니다. 이를 '구체적이다'라고 합니다. 구체적이라는 건 논쟁의 여지가 없어서 누가 봐도 했는지 하지 않았는지를 알 수 있는 상태를 의미합니다. 시간 개념은 성과를 보다 구체적인 상태로 만들어 줍니다.

친구들 이야기를 좀 더 해보죠. 위와 같은 일이 있은 후 친구들은 다시 만날 약속을 합니다. 부산에서 9월 1일 오후 3시에 만나기로 했죠. 드디어 9월 1일 오후 3시가 되었습니다. 친구들은 만났을까요? 친구 1이 말합니다.

"야, 부산에서 9월 1일 오후 3시에 보는 거 아니었어?"

그러자 친구 2와 3은 서로에게 이렇게 말하죠.

"그러니까. 9월 1일 오후 3시인데 너네들 왜 안 오는데?"

이어서 다음의 대화가 이어집니다.

"너 어딘데? 부산 맞아?"

"어 부산이야. 넌 어딘데?"

"나도 부산인데?"

시간/기한을 구체적으로, 그래서 논쟁의 여지가 없도록 정했지만 '만남'이라는 성과를 달성하지는 못했습니다. 부산이라는 장소가 여전히 구체적이지 않기 때문입니다. 친구 1은 해운대에, 친구 2는 '부산광역시에 오신 걸 환영합니다'라는 표시가 있는 고속도로에, 친구 3은 부산의 버스터미널에 있습니다. 모두 부산에 있지만 만날 수는 없죠. 9월 1일 오후 3시이지만 만나지 못한 현재 상태를 확인하고 '만남'이라는 성과를 달성하기 위한 대화를 이어갑니다.

"이렇게 하자. 어차피 해운대 갈 거니까 해운대 보면 해안 파출소가 있는데 그 정문 앞에서 보기로."

앞서 우리는 성과 관리가 미래 지향적인 성격을 가진다고 말했습니다. 미래에 더 나은 성과를 내기 위해 현재 상태를 확인한다고 말이죠. 시간/기한은 '그 확인하는 시점'을 의미합니다. 이렇게 질문으로 바꿔 볼 수 있겠죠.

"지속적인 성과 개선을 위해 어느 시점에 확인하는 것이 가장 바람직한가?"

　사실 이 질문에 대한 답을 우리는 제법 오래전부터 잘 알고 있습니다. '피드백은 언제 하는 게 가장 좋은가?'라는 질문에 우리는 상황이 발생한 '즉시'라고 답을 합니다. 그 이유도 잘 알고 있죠. 시간이 지날수록 기억은 흐릿해지고 선택적이 되며, 피드백을 받는 입장에서도 수용성이 낮아지기 때문입니다.

　이를 잘 알고 있지만 현실적으로 우리는 일, 주, 월, 분기, 연도와 같은 시간 개념을 사용하고 있습니다. 바람직한 답은 아니지만 어떻게 해야 할지 모르니까 차선책을 사용하는 거죠.

Q | 039

드리고 싶은 질문이 나왔네요. 차선책이 아닌
바람직한 방향으로 가기 위해서 어떻게 해야 할까요?

먼저 문제(현재 상태와 바람직한 상태 사이의 갭)를 정의해 볼까요.
우선 현재 상태에서 우리는 일, 주, 월, 분기 등의 시간 개념을 주
로 사용하고 있습니다. 이를 살짝 구조화하면 다음과 같이 표현할
수 있습니다.

1분기 말이 되었다.
→ 현재 상태를 확인하고 개선을 위한 피드백을 제공한다.

가장 바람직한 상태는 어떻게 표현할 수 있을까요? 앞서 우리가
살펴본, '피드백은 언제 하는 게 가장 좋은가?'라는 질문을 고려하
여 우리는 다음과 같이 표현할 수 있습니다.

성과가 도출되었다.
→ 현재 상태를 확인하고 개선을 위한 피드백을 제공한다.

'1분기 말이 되었다'와 '성과가 도출되었다'의 차이점은 무엇일
까요? '1분기 말'이라고 말했을 때 이를 듣는 대부분의 사람들은 1
분기 말을 '3월 말'로 동일하게 생각할 겁니다. 반면 성과는 어떨까
요? 예를 들어 매출액 10억이라는 목표가 있고 영업 사원 A는 분기

매출액 10억을 달성했다고 주장합니다. 그런데 회계팀에서는 1분기 말 매출액이 10억을 달성하지 못했다고 주장하죠. 영업 사원 A는 3월말에 날인한 매출 계약이 있었습니다. 하지만 회계팀 입장에서는 아직 실현된 이익이 아니었습니다.

여기에서 우리는 '1분기 말'과 '성과'의 차이점을 확인할 수 있습니다. '논쟁의 여지가 있는가' 여부죠. 1분기 말이라는 말은 우리들에게 3월 말이라는 구체적이고 공통된 인식을 제공합니다. 반면 성과로서 매출액 10억 원은 계약서와 실현된 이익 중 무엇을 기준으로 하는가에 따라 의견이 달라집니다. 이를 우리는 앞에서 이렇게 표현했습니다.

"논쟁의 여지"

성과 관리에서 우리가 관리하고자 하는 대상은 성과입니다. 1분기 말 혹은 평가 시즌이 되었으니까 확인하는 것이 아니라 성과가 도출되었으니 확인을 하는 것이 되어야 하죠.

문제를 정의했으니 이제 답을 찾아야겠죠. 1분기 말이 되었으니 확인하는 것이 아니라 '성과가 도출되었으니 확인한다'를 실현하기 위한 답은 '성과를 논쟁의 여지가 없는 상태'로 만드는 것이라 할 수 있습니다.

논쟁의 여지가 없는 상태로

성과를 정의한다는 것,

그 방법에 대한 설명이 필요합니다.

성과 관리는 다음 두 가지 질문을 기본으로 합니다.

"우리는 어디로 가고자 하는가?"

"우리가 잘 가고 있는지 무엇으로 확인할 수 있는가?"

이를 우리는 각각 방향성과 산출물로 이야기했었습니다. 논쟁의 여지가 없는 상태로서 성과는 이 중 산출물에 해당하죠. 따라서 성과로서 산출물을 이야기하기 위해 가장 먼저 해야 하는 건 방향성을 정하는 것입니다.

성과 관리에서 방향성이라는 단어가 그만큼 중요하다는 의미라고 생각합니다. 성과 관리에서 방향성이 가지는 중요한 특성은 '견고하다concrete'입니다. 견고하다는 단어를 가장 잘 설명해 주는 단어가 '닻anchor'이죠. 닻은 거센 바람이 불어도 배가 흔들리지 않도록 잡아줍니다.

현장에서 일을 하다 보면 그 진행 과정에서 우리는 생각보다 많은 변수들을 만납니다. 때로는 그 변수들이 우리들의 주의를 흩뜨려 놓기도 하죠. 방향성은 그렇게 어지럽고 혼란스러운 상황 속에서도 우리가 가고자 하는 방향을 잃지 않고 나아갈 수 있도록 도와줍니다.

일반적으로 성과 관리에서 방향성은 3년에서 5년 정도의 중장기 목표를 말합니다. 하지만 방향성을 3~5년으로 잡을 경우 우리는 이를 연 단위 평가 보상에 적용하기가 어려워질 수 있습니다. 예를 들어 3년 목표로 방향성을 잡았고 첫해와 둘째 해에 기대만큼의 진척도를 보여주지 못했음에도 "아직 1년이 남아있어"라며 보상을 잘 주는 일은 현실적으로 쉽지는 않겠죠.

인사 실무 관점에서 평가/보상과 연결을 위해 우리는 연 단위 목표를 기본 방향성으로 삼을 수 있습니다. 연 단위 목표가 수립되었다면 두 번째 질문을 할 차례입니다. 우리가 1년이라는 시간이 지난 시점의 구체적인 상태로 잘 가고 있음을 수시로 판단할 수 있는 '무엇'을 정하는 일입니다. 그 '무엇'을 우리는 '산출물'이라고 말합니다.

목표와 방향성, 산출물이 뭐가 다른 걸까요?
다른 것 같은데 같기도 하고 그렇습니다.

"5년 뒤 흑자 상태에서 시장 점유율market share 50% 이상 상태에 도달한다"는 중장기 목표가 있습니다. 이는 적어도 5년간 이와 관련된 직무를 수행하는 분들이 지향해야 할 방향성을 제공하죠. 이 방향성은 쉽게 흔들리지 않을 겁니다. 견고concrete하죠.

"기업과 구성원이 함께 성장하는 환경으로서 인사 제도를 설계하고 운영한다"는 인사 직무의 궁극적인 바람직한 상태가 있습니다. 이는 인사 직무를 수행하는 분들이 생각보다 오랜 시간 동안 지향해야 할 방향성을 제공합니다. 이 방향성은 쉽게 흔들리지는 않을 겁니다. 역시나 '견고'합니다.

5년 뒤 흑자 상태에서 시장 점유율 50% 이상 달성을 향해 잘 가고 있음을 확인하는 '무엇'으로 우리는 연 단위 구체적 상태를 정합니다. 매년 10억 이상 매출 상품을 제공하는 우수 협력사 수, 연간 매출액, 신상품 성공률 몇 % 달성 등으로 구체화될 수 있습니다. 그런데 1년이 지나서 기대했던 상태에 도달하지 못한 걸 알게 되면 너무 늦다고 생각할 수 있습니다. 더욱이 평가/보상을 생각한다면 연말의 바람직한 상태로 잘 가고 있는지 확인할 수 있는 '무엇'이 필요합니다. 그래서 다시 분기 단위로 구체적 상태를 확인하는 절차를 만들죠.

이 이야기에서 눈치를 채신 분들도 있으시리라 생각합니다. 설명하면서 저는 '목표'라는 단어를 사용하지 않았습니다. 목표라는 단어는 사전적으로 '도달해야 할 곳' '지향하는 대상 또는 상태'를 말합니다. 1월 1일의 우리에게 우리가 기대하는 분기 말의 상태는 '목표'가 됩니다. 기대하는 연말 시점의 상태는 조금 더 긴 시간의 목표이고, 5년 뒤의 상태는 그보다 조금 더 긴 시간의 목표입니다.

중장기 혹은 바람직한 상태로 방향성이 정해졌다면 그 방향으로 잘 가고 있음을 수시로 확인하는 '무엇'이 필요합니다. 이를 저는 '산출물'로 이야기하죠. 분기 목표는 분기 산출물, 연간 목표는 연말 산출물, 5년 목표는 5년 뒤 산출물이 됩니다. 분기 산출물은 연간 산출물로 연결되고 연간 산출물은 5년 뒤 산출물로 연결됩니다.

앞서 우리는 성과 관리의 기본 질문 두 가지를 이야기했습니다.

"우리는 어디로 가고자 하는가?"
"우리가 잘 가고 있는지 무엇으로 확인할 수 있는가?"

이제 방향성, 산출물 두 단어를 추가합니다.

"우리는 어디로 가고자 하는가?" → 방향성
"우리가 잘 가고 있는지 무엇으로 확인할 수 있는가?" → 산출물

'어떻게'를 이야기하려고 하는데 이야기가 개념적인 영역으로 흘러가네요.

개념 정의가 되지 않은 상태의 단어는 결론적으로 모호함으로 연결됩니다. 앞서 이야기한 '목표'라는 단어가 그렇습니다. 모든 문제 해결의 출발점은 우리가 사용하는 단어를 정의하는 것에서 시작합니다. 제가 종종 사용하는 예를 이야기해 보죠.

여기 사과 하나가 있습니다. 우리는 왜 이걸 사과라고 부를까요? 이렇게 생긴 걸 사과라고 부르기로 사회적인 개념이 정의되어 있기 때문입니다. 우리는 어릴 때 사과 그림을 보면서 '사과'라고 표현하는 연습을 합니다. 미국에서는 애플이라 부르기로 했죠.

앞서 문제라는 단어처럼 우리가 안다고 생각했지만 의외로 우리들 스스로 개념을 정의해본 적이 없는 단어, 표현들이 인사에는 참 많습니다.

다행인 건 목표와 같이 우리가 무심코 사용해 왔던 단어들에서 벗어나 성과 관리의 두 가지 질문만으로 성과 관리 제도를 만들 수 있다는 점이겠죠.

반가운 말씀이에요.

"우리는 어디로 가고자 하는가?" → 방향성

"우리가 잘 가고 있는지 무엇으로 확인할 수 있는가?" → 산출물

당연한 말이지만 이 두 가지 중에 우리가 가장 먼저 해야 할 건 방향성을 정하는 일일 겁니다. 방향성을 정하는 건 업무 특성에 따라 다음 두 가지로 구분해 이야기할 수 있습니다.

1. 정량적 업무
2. 정성적 업무

정량적 업무에서 방향성은 상대적으로 쉬울 수 있습니다. 5년 뒤 시장 점유율을 50% 이상으로 방향을 정했다면 5년 뒤 기대 매출액을 산정하고 이를 달성하기 위한 3년, 1년, 분기 등의 매출액을 정할 수 있습니다. 우리가 일반적으로 아는 방식이죠. 다만 한 가지 주의해야 할 점이 있습니다.

앞에서 '논쟁의 여지without any argument'를 언급했었죠. 매출액이 숫자로 표기된다고 해서 그것만으로 논쟁의 여지가 없다고 할 수 없다는 말입니다. 매출액이 논쟁의 여지가 없는 구체적인 상태가 되려면 '손익계산서상 매출액'과 같이 표현하는 것이 필요합니다.

방향성을 이야기하다 보니
자꾸 목표와 혼동이 됩니다.

그럴 수 있습니다. 우리는 제법 오랜 시간 목표라는 단어를 암묵적으로 사용해 왔거든요. 기존 경험에 기반한 서로 다른 의미들이 담겨 있을 수 있습니다. 그래서 아예 목표라는 단어를 사용하지 말고 방향성과 산출물이라는 두 단어만 이야기하자고 말씀드리는 거죠. 목표라는 단어를 지난 시간 우리가 너무 많이 사용해서 무의식 중에 자꾸 떠오르거든요.

이해를 돕기 위해 목표라는 단어를 잠시 이야기해 보면 분기 목표는 분기 관점에서는 목표이지만 연간 관점에서는 산출물이고, 연간 목표는 연 단위 관점에서는 목표이지만 3년 관점에서 보면 3년 목표 달성을 향해 잘 가고 있는지 확인할 수 있는 산출물이죠. 동일한 대상이 관점에 따라 목표가 될 수도, 산출물이 될 수도 있습니다. 혼란이 발생할 수 있는 상황이죠.

목표라는 단어를 아예 배제하고 방향성과 산출물이라는 두 단어만으로 이야기하자고 말씀드리는 이유입니다.

Q 046

영업팀에서 업무 방향성을 잡는 건 상대적으로 용이할 수 있을 듯한데요. 사실 정성적 업무들이 고민인 거죠. 우리가 하는 인사도 그렇고요.

앞에서 정량적 업무와 정성적 업무로 구분한 이유이기도 합니다. 물론 인사와 같이 정성적인 성격이 많은 업무에서도 3개년, 5개년 방향을 잡는 것이 가능하기도 합니다. 제 경우 과거 인사팀을 신설하는 기업에서 인사 담당자로 업무를 시작하면서 비공식이긴 하지만 3년 후 인사 제도 모습을 그려놓고 일을 했었거든요. 이후 시간과 경험이 좀 더 쌓이면서 저는 정성적 업무에서 방향성은 정량적 업무의 방향성과 조금은 다른 접근이 필요하다고 말합니다.

정량적 업무의 경우 3~5년의 중장기 방향성을 정한다면, 정성적 업무는 궁극적으로 달성하고자 하는 상태를 방향성으로 정한다는 데 차이가 있습니다. 이해를 돕기 위해 인사, 그중에서도 채용을 예로 이야기해 보겠습니다.

먼저 채용의 궁극적인 바람직한 상태로서 방향성은 기업마다 그 표현은 다를 수 있지만 다음과 같이 이야기할 수 있습니다.

> 채용 업무의 궁극적인 방향성 : 적합한 사람을 적시에 선발하고 조기 정착을 돕는다.

바람직한 상태로서 채용의 방향성을 이렇게 정했다면 이제 우리는 이 방향성을 향해 잘 가고 있는지 확인할 수 있는 '무엇'으로서 구체적 행동과 산출물을 이야기해야 합니다. 이 단계에서 가장 먼저 할 일은 브레인스토밍brainstorming입니다. 판단하지 않고 우리가 현재 상태에서 바람직한 상태로 나아가는 과정에서 필요하다고 생각하는 과업들을 최대한 많이 나열해 보는 것입니다. 이 과정에서 우리는 '구성원의 참여'라는 가치를 실행으로 옮길 수 있죠. 다양한 의견들이 나왔다면 그다음으로 우리가 할 일은 도출된 아이디어들을 그룹핑grouping하는 것입니다. 그 그룹을 구분하는 기준으로 크게 '해야 하는 것Must' '해야 하지만 시간적 여유가 있는 것have to' '하면 좋은 것Should'의 세 가지로 구분할 것을 제안합니다. 이를 도식화하면 78쪽과 같습니다.

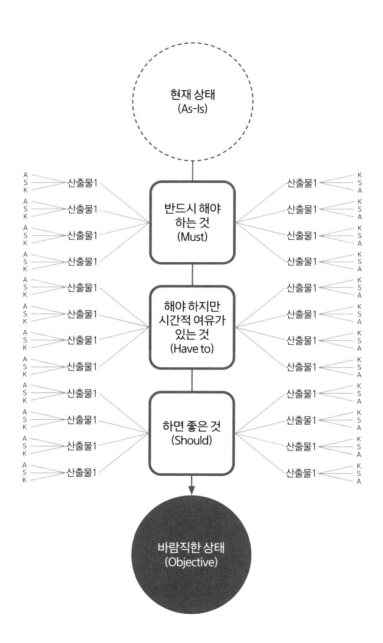

정량적 업무보다 무언가 많이 복잡해 보이네요.

제가 속했던 기업에서는 매월 우수 사원 포상 제도를 운영하고 있었습니다. 그런데 매월 포상을 받는 구성원들은 항상 영업팀이었죠. 흔히 말하는 스탭 부서 구성원분들은 불만이 쌓여갑니다. 그러다 어느 날 그 불만이 건의 사항이 되어 표현되었죠. 그때 상급 리더는 이렇게 답을 합니다.

"영업팀은 숫자가 눈에 보이잖아요."

숫자 1은 1이고 산술적으로 1 + 1은 2입니다. 숫자는 구체적이고 명확합니다. 그래서 우리는 숫자를 활용해 '계산'합니다. 그런데 문자는 개념적이고 맥락적입니다. 모호하죠. 그래서 우리는 문자를 '해석'하고 '이해'합니다. 정성적 업무들은 그들을 보다 명확하게 구체화하기 위해 '해석'과 '이해'라는 과정을 필요로 합니다.

앞서 설명한 절차들은 그 '해석'과 '이해'를 만드는 한 방식인 거죠.

방향을 정했다면 그 다음은 무엇을 해야 할까요?

'가고자 하는 방향'을 정했다면 가기 위한 구체적인 행동을 하고, 그 행동의 결과로서 구체적인 산출물을 통해 우리가 잘 가고 있는지 확인이 필요합니다. 아마 지금부터 할 이야기는 지금까지 했던 이야기들보다는 조금 더 보기가 편하시지 않을까 생각합니다. 무엇보다 절차, 양식, 기한 등을 통해 보이거든요.

네. 이제 제도를 설계하기 위한 기본 준비가 되었으니 제도 설계를 해야겠죠?

Q | 050

'우리가 제대로 가고 있는지를 무엇으로
확인할 수 있는가'를 만드는 과정이 제도의
보이는 부분이라는 생각이 들어요.

맞습니다. 사실 그래서 제도 설계를 하면서 우리가 어디로 갈지를 간과하게 된 이유가 아닐까 하는 생각을 하기도 합니다.

그렇다고 보이는 영역으로서 제도가 중요하지 않다는 건 아닙니다. 보이는 영역으로서 제도는 보이지 않는 영역으로서 개념을 보여주는 역할을 합니다.

산출물을 예측하는 것입니다. 예측하기Predict의 첫 글자를 따서 'P'라고 표현할 겁니다. 예측하기에서 예측의 대상은 산출물입니다. 산출물은 구체적이어야 합니다. 구체적이어서 했는지 하지 않았는지 논쟁의 여지가 없어야 하죠.

구체적이라는 것에 대해서 앞서 우리는 두 가지 조건을 이야기했습니다. 기한, 그리고 상태입니다.

기한은 무한대일 수도 있고 3~5년일 수도 있고, 1년 혹은 반기나 분기, 일, 주, 월 등으로 이야기할 수도 있습니다. 이들은 기본적으로 시간을 기본으로 하죠. 그런데 기한을 정할 때 우리가 고려해야 할 요소가 있습니다. 피드백이라는 단어입니다.

성과 관리는 미래 지향적인 목적을 가진 단어입니다. 우리는 흔히 '어제보다 나은 오늘의 나'라는 표현을 사용하죠. 성과 관리도 같습니다. 어제보다 나은 오늘의 성과, 오늘보다 나은 내일의 성과를 만들어갈 수 있도록 관리하는 것입니다. 이를 위해 우리에게는 피드백이 필요합니다.

효과적인 피드백의 시점이 기한에
반영되어야 한다는 것이죠?

맞습니다. 우리는 언제가 가장 좋은 피드백 시점인가라는 질문에 이렇게 말합니다.

"산출물이 도출된 즉시."

이유는 간단합니다. 산출물이 나온 이후 시간이 지날수록 사람들은 머릿속에서 사실들이 생각과 연결되어 왜곡될 가능성이 높아지기 때문입니다.

시간을 기준으로 할 경우 1년이라는 기간을 고려할 때 피드백 주기는 최소 분기 단위가 되어야 합니다. 하지만 가장 좋은 건 앞서 이야기한 방식으로 도출한 산출물을 기준으로 하는 피드백일 겁니다.

산출물은 많을수록 좋은 건가요?

누군가는 산출물이 많음을 내세워 자신이 일을 많이 했음을 어필하려 하기도 합니다. 성과 관리 제도는 기업 내 존재하는 모든 산출물을 관리하는 것보다는 중요한 산출물을 관리한다고 말합니다. 지하철을 타고 퇴근하는 미션을 생각해 보면 수십 개의 지하철역들이 존재하지만 우리가 환승역 등 몇 개의 주요 역들만 확인하고, 모든 역들을 지하철이 정차할 때마다 매번 확인하지는 않는 것과 같습니다.

산출물은 분기를 기준으로 3개 정도로, 많게는 5개까지 설정할 것을 제안합니다.

Q | 054

산출물을 예측했다면 그 다음 단계는
무엇일까요?

언제까지 무엇을 만들 것인지를 구체적으로 예측했다면 그 다음은 그 예측을 실현하기 위한 활동을 해야 합니다. 이를 우리는 '행동하기Action'라 말합니다. 이 단계를 설명하는 주요 키워드는 문제 해결 방법론, 그리고 다양성입니다.

행동한다는 것은 현재 상태와 바람직한 상태 사이의 갭gap으로써 문제를 해결하는 과정을 만들어감을 이야기합니다. 그런데 여기에서 한 가지 이슈가 등장합니다. 누군가는 저성과자와 고성과자, 일을 못하는 사람과 일을 잘하는 사람 등으로 말하기도 하지만 우리는 이를 다양성으로 이야기합니다.

해당 업무를 처음하는 사람과 해본 경험이 있는 사람이 같을 수는 없을 겁니다. 업무 경험을 가지고 있어도 일을 하는 스타일이 다를 수도 있습니다. 또 업무 경험을 가지고 있어도 그 경험대로만 할 수 있는 사람이 있고 그 경험을 현재 상황에 맞게 바꾸어 만들어갈 수 있는 사람도 있습니다.

우리는 행동하기 과정을 통해 개개인이 가지고 있는 다양성을 확인할 수 있습니다.

그런데 실질적으로 행동하기 단계에서의 다양성을 인사 담당자인 우리들보다 더 잘 관찰할 수 있는 사람들이 있습니다. 바로 각 조직을 담당하고 있는 리더들입니다. 인사 담당자인 우리들도 평소 관찰을 하고 있지만 모든 구성원들을 항상 관찰하는 건 쉽지 않습니다. 더욱이 구성원들이 수행하는 직무에 대한 이해에도 한계가 있기도 하죠. 성과 관리에서 리더가 중요함을 이야기하는 이유이죠.

이렇게 말하면 '그러면 인사는 뭘하는가?'라고 반문할 수 있습니다. 이에 대해 드리는 답은 '인사는 리더가 성과 관리, 특히 다양성을 관리할 수 있도록 돕는다'입니다. 리더가 다양성을 관리할 수 있도록 인사가 돕는 제도적 방식은 크게 두 가지로 나누어 볼 수 있습니다.

우선 성과 관리에 있어 리더의 역할에 대한 가이드를 만들어 제공합니다. 가이드는 크게 기본 원칙을 제공하는 부분과 구체적 상황에 대한 예시 부분으로 구성할 수 있습니다. 구체적 상황에 대한 예시는 평소 인사팀에 자주 들어온 문의들을 중심으로 합니다. 이와 관련한 리더십 가이드 예시는 88~90쪽과 같습니다.

리더십 가이드를 제공했더라도 리더십 가이드가 현장의 모든 상황들을 다 나열할 수는 없습니다. 제도는 일종의 해석의 분야입니다. 인사팀은 리더십 가이드의 내용이 현장에서 적용되는 과정에서 리더들과 소통하고 그들에게 코칭을 제공하며, 동시에 리더십 가이드를 업데이트합니다.

#참고. Leadership 선언문 sample

1. 성과를 지향하는 대화를 하기

① 성과, 가능한 구체적인 KR(산출물)을 기준으로 대화를 만들어가기
- 구체적인 상태는 대화가 성과와 무관한 방향으로 나아가지 않도록 닻의 역할을 해줍니다.

② 지금 당장 좋은 사람이 아니라 올바른 리더를 추구하기
- 리더는 그냥 좋은 사람이 아니라 기업의 전략/성과 달성에 필요한 역할을 수행하는 사람입니다.
- 지금 당장 좋은 사람이 되는 건 생각보다 어렵지 않습니다. 그냥 YES를 말하면 됩니다.
- 올바른 기더는 YES와 NO, 그리고 Doing one's best를 구분할 줄 아는 사람입니다.

③ 판단과 진단을 구분하기
- 올바른 리더는 판단을 해야 하는 상황과 진단을 해야 하는 상황을 구분할 줄 아는 사람입니다.
- 올바른 리더라면 판단을 하는 상황을 최소화하고 진단을 활용하여 대화를 만들어 갑니다.

④ 의사 결정자가 아닌 의사 형성자
- 리더를 의사 결정하는 사람이라 생각하기 쉽습니다.
- A기업에서 올바른 리더는 의사 결정자로서 역할보다 의사 형성자로서 역할을 더 잘하는 사람입니다.

⑤ 미래를 보는 대화를 하기
- 과거에 이렇게 했음을 근거로 지금 현재에도 그렇게 해야 한다고 말하지 않기
- 과거에 어떤 상황에서 이렇게 했었음을 재료로 현재에 어떻게 하는 것이 좋을지에 대해 대화하기
- 과거보다 나은 오늘, 오늘보다 나은 내일을 만드는 대화하기

2. 성장을 지향하는 대화를 하기

① 성과를 만드는 과정으로서 경험을 만들기
- 해당 과업을 수행하는 구성원 입장에서 이 과업을 통해 그(녀)가 만날 수 있는 경험에 대해 이야기하기
- 해당 과업을 수행함에 있어 필요한 지식, 방법론, 능력 등을 살펴보고 그들을 보다 온전하게 구성원이 갖출 수 있는 방법, 혹은 갖추기 위해 필요한 항목들을 대화를 통해 만들기

② 구성원의 상황을 고려하기
- 관찰에 기반한 사실을 고려한 대화를 하기
  (ex: 이번주에 결혼하는 구성원에게 성장에 도움이 된다면 일을 준다면?)
  (밤새 근무한 구성원에게 알면 도움이 된다며 잠을 저러가지 못하게 하고 일을 준다면?)
- 구성원의 전문성을 고려하기
  (HR에 갓 입문한 신입사원에게 10년차 경력자도 조심스러워하는 일을 맡긴다면?)

Team Leader를 위한 Q&Solution

❖ 팀원 중 눈에 띄게 성과가 없는 1명이(10년차, 경력입사) 있습니다. (중략) 너무 답답할 만큼 업무에 소극적이고 일처리가 늦습니다. (중략) 1년 동안 트레이드도 시키고 진심을 담아 충고도 해보고.. 근데 변화되는 모습이 1도 없네요. (중략) 부서전배도 힘들고, 권고사직도 부담스럽고...

❖ A. 힘들어지는 상황 – 과거 지향

   ❖ 현재 상황의 원인을 팀장 혹은 팀원 등 사람에게 돌리는 경우 – 일을 못하는 사람, 팀원 관리를 못하는 리더

   ❖ 해당 팀원이 해야 하는 일들이 다른 구성원들에게 전가되는 경우

❖ B. 개선하는 상황 – 미래 지향

   ❖ 성과에 대한 공통의 인식 확보 – 산출물을 중심으로 현재 상황에 대한 공통의 이해를 확보하고 팀원에게 기대하는 다음 분기 내 만들어야 할 산출물에 대해 논의

❖ C. 구성원 관점에서 상황을 이해하기(공감이 아닌 이해)

   ❖ 10년 차 경력을 가진 팀원, 우리 팀에서 1년간 성과가 낮은 이유 – 구성원 개인적인 사유? 회사/리더/동료들과의 이슈? 일 하는 방식의 차이? (ex: 팀 리더는 pre-crastinator이고 팀원은 pro-crastinator인 경우)

   ❖ 팀 리더로서 성과를 기준점으로 하여 지원/도움을 제공함으로써 해결할 수 있는 상황인지를 검토하는 관점

❖ D. 리더는 모두에게 좋은 사람이 아니라 올바른 방향성을 가지고 올바르게 일을 하는 사람이다.

   → 인적자원 운영 전략 참고

Team Leader를 위한 Q&Solution

- ❖ 1:1면담을 하라구요? 저는 팀원이 50명입니다. 면담만 하다가 시간 다 보내고 일은 언제 하나요?
- ❖ A. 힘들어지는 상황 - 일방적인 강제성
  - ❖ "어쩔 수 없어요. 그래도 하셔야 됩니다" → 번아웃된 리더와 그 리더를 바라보는 구성원들의 눈빛과
- ❖ B. 개선하는 상황 - 조직 설계를 통한 지원
  - ❖ '파트장'과 같은 구조적 장치를 운영할 수 있도록 지원
  - ❖ 팀 규모의 구성 : 1다스 법칙, 6~8명(Andy Grove), 7명(전통적 조직 이론)
  - ❖ 팀 구성원 수가 많게 설계된 조직의 경우 해당 조직이 담당하고 있는 직무의 특성이 비교적 단일 혹은 유사한 직무로 구성된 경우일 가능성이 높음
  - ❖ 공식 리더는 '조직'이다.
- ❖ C. 조직 설계에서 통제 범위의 고려
  - ❖ 리더와 집단 구성원들이 모두 숙련자일 경우 - 적은 의사소통과 코칭으로 조직 운영이 가능한 경우, 팀 내 구성원들이 공통으로 지키고 있는 원칙/합의가 있는 경우
  - ❖ 구성원들이 모두 같은 내용의 직무를 수행하는 경우
  - ❖ 각 구성원들의 업무가 상호 독립적인 경우
  - ❖ 업무 성과가 쉽게 측정될 수 있는 경우

Team Leader를 위한 Q&Solution

- ❖ 팀원들과 업무 회의를 했습니다. 나름 소통을 한다고 한 명 한 명 의견을 말할 기회도 주고 이야기 과정에서 끊거나 하지도 않고 잘 들어주었는데 구성원들이 저보고 답정너라고 하네요.
- ❖ A. 힘들어지는 상황 - 경험을 정답으로
  - ❖ 팀장이 가지고 있는 경험을 정답으로 두고 팀원을 판단하려 하는 경우
  - ❖ 팀장이므로 모든 것을 다 알고 있어야 한다는 관념을 갖게 되는 경우
- ❖ B. 개선하는 상황 - 경험을 재료로
  - ❖ 성과(산출물)을 중심으로 팀장의 경험을 팀원과 공유하고 팀원이 그 공유받은 경험에 자신의 의견을 더할 수 있도록 유도

    ex: "나는 예전에 이렇게 양식을 만들어서 이런 절차로 했습니다. 이 방식대로 하셔도 됩니다. 다만 best는 이 방식대로 하지 않는 것입니다.
  - ❖ 팀장도 모르는 것이 있음을 솔직하게 이야기할 수 있는 자신이 되기 위한 노력 - "자신 있는 겸손함"
  - ❖ 팀원의 조금은 다른 생각을 만났을 때 잘못된 점보다 먼저 잘된 점을 찾아보고 잘된 점을 이야기의 시작점으로 삼기

인사가 리더를 돕는 제도적 방식의 다른 하나는 '양식'입니다. 앞서 우리는 제도 설계의 외형을 구성하는 요소로 절차, 양식, 시간/기한을 이야기했습니다. 여기에서의 양식과 같죠.

인사 현장에서 일을 하다 보면 간혹 리더분들로부터 다음과 같은 질문을 받곤 합니다.

"다양성, 다 좋은데 그거 어떻게 해야 하나요?"

다양성은 오늘날 중요한 가치로 이야기되고 있지만, 다양하다는 건 달리 말하면 혼란스러움으로 이야기할 수도 있습니다. 무엇에 초점을 맞추어 관찰해야 하는지 판단이 어려움을 말합니다. 인사는 양식의 구체적인 항목을 통해 리더들이 구성원을 관찰할 때 주의를 가지고 보아야 할 항목을 제공합니다.

양식의 항목 구성은 기업이 추구하는 혹은 중요하게 생각하는 가치에 따라 다를 수 있으나, 앞서 지속 가능한 성장의 방향성을 가지고 있다면 전문성과 협력의 두 가지 관점에서 92~93쪽과 같이 양식을 만들어볼 수 있습니다.

양식은 세 단계로 설계되어 있으며, 양식에 대한 구체적인 설명은 행동하기 다음 단계인 돌아보기 단계에서 보다 자세히 살펴보겠습니다.

PARS Reflection Sheet-Coachee

1. 기본 정보

한글성명 Coachee	영문명 Coachee	부문	팀	직상급자명 Coach	작성일	담당직무

2-1. 산출물 도출 과정 기술 by 코치이

KR		Coach & Coachee 합의된 KR
과업 시작 시점		과업 지시를 받은 시점, 과업을 검토하거나 구상하기 시작한 시점
과업 종료 시점		최종 산출물이 구체적으로 도출된 시점
과정 Review		과업 시작 시점부터 종료 시점까지 행한 구체적인 과정을 기술
잘된 점		과정을 review하면서 나름 잘했다고 평가할 수 있는 내용들 기술
개선 점(내용)		과정을 review하면서 아쉬웠던 내용들 기술
개선 과제		개선점(내용)을 개선하기 위한 과제
개선 과제 지원 사항		개선 과제 이행을 위해 필요한 지원 사항(협력, 교육, 업무 경험 등)
고마운 동료		과제 수행 과정에서 도움을 받았던, 고마움을 전하고 싶은 동료

3. 현재 고민거리

	개인적인 영역으로 업무에 집중하지 못하게 만드는 영역에 대한 고민 상담이 필요한 내용 기재 작성일 현재 기준 내 심리 상태

PARS Reflection Sheet–Coach

2-2. 산출물 도출 과정 기술 by 코치

KR	
시간 적정성	
과업 이해도	
강점과 단점	
개선점 코멘트	
개선 과제 코멘트	
전문성 진단	
기록/누적 감사 인사	

카운슬링 의견	

PARS Reflection Sheet–HR

KR의 적정성	**평가 요소** 과업 수행 기간 적정성 – 과업 수행에 소요된 기간 적정성 – 지연 등 효율성 저하 구간 존재에 대한 확인 개선 과제 도출 적정성 – 개선 과제 이행 여부 성장 가능성 **HRD 적용** – 필요한 직무 경험의 제공 – 외부 교육 등 기회 제공 – 협업 과제 도출 및 여행 경험 제공 **협력 관계 / 조직 문화 개선** – 수시 포상, 연말 포상 등에 시상 항목 신설 적용 – 기대하지 않았던 기회 제공 **Coach의 Coach** Coach의 의견을 살펴보고 Coach가 Coachee에게 전할 추가 피드백 등을 검토하여 Coach에게 전달 – 리더십 개선 포인트로 활용

같이 고민해 주는 사람으로서 코치의 역할
지원 가능한 부분에 대해 회사 차원에서 지원함으로써
회사에 대한 고마움/애착심 가질 수 있도록 유도

리더는 산출물과 그 산출물을 만들어내는 과정을 확인·관찰하고 이를 문서로 기록합니다. 이때 문서는 앞서 본 예시와 같이 리더가 작성해야 할 항목들을 포함하고 있고, 이 항목들은 리더들이 산출물을 확인하고 그 과정을 관찰할 때 기준점으로서 역할을 합니다.

리더가 확인한 산출물과 관찰한 과정을 기록하는 단계로서 돌아보기는 몇 가지 사항을 기본 전제로 합니다.

기본 전제 1. 돌아보기는 판단이 아닌 진단을 기본 행동으로 한다.

기본 전제 2. 리더는 완벽하지 않다.

성과 관리는 미래 지향적인 개념이니까요. 지난 시간 우리들의 현장에서의 경험들은 진단보다는 판단에 좀 더 익숙해져 있다는 생각을 합니다. 판단과 진단에 대해 의도적으로 의식하지 않으면 우리는 진단을 해야 하는 상황에서 판단을 하게 되죠.

판단이라는 단어는 일방향인 특성을 가집니다. 리더가 구성원에 대해 판단하는 거죠. 그런데 리더는 완벽하지 않습니다. 리더도 사람이거든요. 사람으로서 리더와 구성원도, 사람이 만든 제도도 완벽하지 않습니다. 돌아보기 단계는 불완전한 존재로서 리더와 구성원, 인사 제도가 만나 서로를 보완하며 보다 나은 상태로 나아가는 의미를 가집니다.

앞서 보았던 돌아보기 양식은 크게 3가지 영역으로 구분되어 있습니다. 영역 1(Reflection sheet-Coachee)은 구성원이 산출물을 중심으로 자신의 생각을 기록하는 부분입니다. 구성원이 영역 1을 통해 의견을 제시하면 코치로서 리더는 구성원의 이야기를 문서로 확인하고 자신의 생각을 기록합니다. 한발 더 나아가 리더와 구성원은 이렇게 작성한 문서를 기준으로 대화를 만들어갈 수 있습니다. 성과 관리 원온원이 운영되는 방식입니다. 인사는 제도와 양식을 통해 리더가 올바른 방향과 올바른 내용으로 원온원을 할 수 있도록 도움을 제공합니다.

영역 1과 2를 기록하고 그 기록을 바탕으로 대화를 하는 과정에서 제도가 제공하는 양식은 리더와 구성원의 글, 이야기들이 다른 길로 새지 않고 더 나은 성과라는 성과 관리의 기본에 충실할 수 있도록 돕는 역할을 수행합니다.

영역 3에서 인사는 영역 1과 2에서의 내용이 기록된 문서를 접수하고 내용과 절차가 제도의 목적에 부합하게 운영되었는지 여부를 확인하고 인사에서 활용할 데이터를 수집하며, 한발 더 나아가 현재 운영하는 제도에 대한 개선점을 찾아 보완합니다. 그 과정에서 필요한 경우 리더에 대한 코치로서 역할을 수행합니다.

Q 057 코치로서 인사의 역할에 대해 좀 더 이야기를 해볼까요?

제도에서 양식은 두 가지 역할을 합니다. 하나는 앞서 살펴본 바와 같이 리더와 구성원 사이에 대화가 원활히 이루어질 수 있도록 도와주는 역할입니다. 리더와 구성원은 양식이 제시하는 주제, 항목들을 중심으로 대화를 이어갑니다. 여기에서 대화는 단순히 각자 하고 싶은 말만 하는 것이 아닙니다. 상대방의 생각을 듣고 함께 생각하는 과정이죠. 이 과정을 통해 리더와 구성원은 각각 자신이 알고 있거나 예상했던 부분들을 재확인할 수 있고, 반대로 미처 생각하지 못한 부분들을 만나게 될 수도 있습니다. 양식을 중심으로 깊이 있는 대화를 통해 서로의 부족함을 인식하고 채우는 과정이죠. 이를 저는 '서로가 서로의 생각에 균열을 만드는 과정'이라고 말합니다. 개인적으로 정의하는 코칭coaching의 개념이기도 합니다.

이러한 코칭의 개념은 인사의 역할에서도 동일하게 적용됩니다. 인사는 양식에 기재된 내용을 보며 리더들이 구성원의 코치로서 역할을 보다 잘할 수 있도록 코칭을 제공합니다. 공통된 패턴이 있다면 리더십 가이드를 업데이트할 수도 있고 개인적인 사항들에 대해서는 개별 코칭을 할 수도 있습니다. 코치의 코치로서 인사의 역할이라고 할 수 있습니다.

Q | 058
돌아보기 이후의 단계가 더 있을까요?

마지막 단계가 하나 더 있습니다. 공유하기^{Sharing}입니다. '공유'라는 단어와 연결된 단어로 '투명성'이 있습니다. 숨김이 없어야 하죠. 종종 이 투명성을 이야기할 때 누군가는 기업 내 모든 구성원에게 정보가 공유되어야 함을 의미한다고 말하기도 합니다. 다만 저는 공유하기 단계에서 '이해관계자'를 강조합니다. 우리 업무와 관련된 이해관계자들에게 공유하는 것이라고 말이죠. 이는 다음 두 가지 중요한 의미를 가집니다. 하나는 우리가 하는 업무를 필요로 하는 이해관계자를 명확히 인식하는 것이고, 다른 하나는 우리가 하는 일이 어떤 가치를 가지고 있는지를 인식하는 것입니다.

이를 달리 표현하면 "기업 내 기능 간 연결성을 이해한다"라고 할 수 있습니다. 기업이라는 조직은 하나의 유기체입니다. 유기체의 구성 요소는 상시 서로 연결되어 유기체의 항상성^{恒常性}을 유지합니다. 우리가 수행하는 업무의 주요 이해관계자가 누구인지, 그들에게 우리가 어떤 가치를 제공하며, 더 나은 가치를 제공하기 위해 우리 업무가 해야 하는 일을 확인하고 계속 생각하게 하는 것이 공유하기의 핵심 내용입니다.

Q 059

예측하고, 행동하고, 돌아보고, 공유하기로
정리할 수 있겠네요. 이 네 단계의 운영 절차, 양식,
기한을 정하는 것을 성과 관리 제도라 말할 수 있을까요?

인사를 해오신 분들이라면 어디선가 한 번쯤 만나 보셨을 문서
가 하나 있습니다. 넷플릭스의 '자유와 책임freedom and responsibility'이
라는, 당시 기준으로 실리콘밸리에서 가장 중요한 문서라고 불리기
도 한 문서입니다. 그 내용 중 이런 문장이 있습니다.

> "회사에서의 진짜 가치는 그럴듯해 보이는 구호가 아닌, 누가 보
> 상받고, 승진하고, 해고되는지로 나타난다."[04]
>
> — 〈넷플릭스의 문화: 자유와 책임〉 중

앞서 우리가 이야기 나눈 예측하고Predict, 행동하고Action, 돌아보
고Reflection, 공유하기Share(이상을 편의상 PARS라고 부르겠습니다), 즉
PARS는 일종의 우리가 일하는 과정/방식을 이야기합니다. 무엇을
주제로 어떤 방식으로 행동하고 무엇을 중요하게 다루며 대화를 할
지를 이야기하죠. 그런데 이것만으로는 우리 기업에서 누가 보상받
고 승진하고 해고되는지를 이야기하기 어렵습니다. 이를 이야기하
려면 추가적인 인사의 제도 설계가 필요합니다. 성과 관리가 성과
평가로 연결되도록 제도를 설계하는 것이 필요합니다.

성과 관리를 성과 평가로 연결한다.
인사 담당자의 한 사람으로 많이 궁금합니다.
어떻게 해야 할까요?

성과 관리 방법론으로서 PARS를 통해 인사가 만날 수 있는 것이 있습니다. 바로 데이터data입니다. 현장에서 리더와 구성원들이 일을 하는 과정과 그 산출물에 관한 데이터입니다. 우리는 다양한 데이터 중에서도 우리가 원하는 데이터 확보를 위해 양식에 주요 항목들을 설정하여 리더와 구성원이 그 내용을 채우도록 합니다. 성과 평가 제도는 성과 관리 제도 운영을 통해 확보한 데이터를 기반으로 만들어집니다.

'데이터 기반'이라는 표현이 눈에 띕니다.

인사HR는 사람을 관리하는 일이라고 말합니다. 인사를 가리키는 'HR'이라는 단어도 'Human Resources'의 약자입니다. 인사에서 사람은 매우 중요하죠. 그럼 이렇게 질문해 볼 수 있을 겁니다.

"인사HR는 사람을 관리하는 일인가요?"

인사라는 일을 나름 오랜 시간 해온 입장에서 이 질문에 대한 답은 "아니다"입니다. 사실 사람을 관리한다는 것 자체가 불가능한 일이라는 생각을 합니다. 오늘날 저는 인사라는 일은 사람을 관리하는 일이라 말하지 않습니다. 대신 이렇게 말합니다.

"인사HR는 성과를 만드는 사람에 대한 데이터를 관리하는 일이다."

데이터 기반 인사를 어떻게 만들 수 있을까요?

인사는 제도를 통해 구성원으로 하여금 일정한 행동들을 하도록 영향을 줍니다. 이를 제도가 가진 특성으로서 '강제성'이라고 이야기를 했었죠. 구성원은 제도가 정한 절차에 따라 행동을 하며 그 행동의 과정과 결과에는 데이터가 숨어 있습니다. 우리는 그 데이터를 확보하기 위해 '양식form'이라는 도구를 사용합니다.

양식을 사용한다는 것은 다음 두 가지 의미를 가집니다.

양식의 의미 1. 우리는 사람에 대한 모든 데이터를 다 알 수 없다.
양식의 의미 2. 우리는 사람에 대해 우리가 원하는 데이터가 무엇인지 알고 있다.

이 두 가지 의미는 우리 인사 담당자에게 선택과 집중을 할 것을 요구합니다. 이제 우리들은 또 하나의 질문을 마주합니다.

"어떤 데이터가 중요한 데이터인가요?"

아쉽지만 이 질문에 대한 단 하나의 답은 없습니다. 기업마다 인사 담당자마다 중요하게 생각하는 부분은 다를 수 있으니까요. '일은 잘하는데 성격이 모난 구성원' 대 '성격은 좋은데 일을 잘 못하는 구성원'의 선택에서 우리가 망설이는 이유와 같습니다.

인사 담당자로서 선택하신
답이 있을 거 같아요.

정답을 드릴 수는 없지만 제가 가지고 있는 답을 공유할 수는 있겠죠. 다만 한 가지 더해서 그 답에 도달하는 생각의 흐름도 같이 이야기를 해보려 합니다.

생각의 시작은 '왜 하는가'라는 질문입니다. 우리가 성과 관리를 이야기하고 있으니, '성과 관리를 왜 하는가'로 말할 수 있습니다. 앞에서 했던 문장이 있죠. '어제보다 나은 오늘의 나'라는 문장입니다. 이를 '지속적인 개선'이라고 바꾸어볼 수 있습니다.

일을 할 때 지속적인 개선을 이루려면 무엇이 필요할까요? 일단 일을 수행하는 데 필요한 기반 지식Knowledge을 갖추고 있어야 합니다. 일에 관한 지식을 알고 있어도 그 지식을 실제 행동, 문서 등으로 구체화할 수 없다면 그 지식은 아무런 가치를 만들어낼 수 없습니다. 지식을 실제로 구체화할 수 있는 방법론, 이를 스킬Skill이라 합니다. 지식을 활용하여 문제를 해결하는 과정을 수행하면 완성된 걸까요? 우리는 경험을 통해 우리가 만들어낸 가치를 이해하고 그 과정에서 스스로 잘한 점과 부족한 점 등을 생각할 수 있을 겁니다. 개인적인 표현으로 이를 능력Ability이라고 말합니다.

일의 수행에 필요한 지식을 갖추고 그 지식을 활용하여 문제를 해결하고, 그 문제 해결 과정을 통해 배우고 더 나은 상태로 나아가는 성향, 이를 저는 '전문성'이라고 말합니다. 이러한 전문성을 갖춘 사람은 자신이 아는 것과 모르는 것, 잘하는 것과 어려워하는 것을 알고 있습니다. 이러한 특성을 표현하는 단어로 '자신 있는 겸손함Confident Humility'이라는 단어가 있죠. 자신 있는 겸손함은 '스스로 약점을 인정할 만큼 자신의 강점에 충분히 자신감을 가지고 있는 상태'[05]로 정의합니다. 그런데 일부 인사 담당자들은 지식, 스킬, 능력을 이야기하면서 묘한 이질감 같은 걸 느꼈을 수 있습니다.

Q | 064

그런 거죠? 잠시 제가 잘못 알고 있던 건가
싶었어요. KSA에서 A가 그 A가 아니지 않을까요?

생각 흐름대로 설명하다 보니 그렇게 되었는데 당황하시게 만들 의도는 없었습니다. 말씀하신 대로 우리는 KSA를 지식K, 스킬S, 태도Attitude로 배웠고 알고 있죠. 물론 저도 그렇습니다. 다만 전문성이라는 키워드를 설명하면서 태도가 제외되었을 뿐이죠.

그럼 '태도'는 중요하지 않다고
해야 할까요?

태도Attitude는 사실 많이 어려운 단어입니다. 우리가 잘 아는 빙산 모델을 생각해 보면 태도는 수면 아래에 있어서 우리가 쉽게 관찰하기 어려운 영역이라 말합니다. 그런데 그 태도는 빙산의 기반이 자 동시에 빙산의 가장 많은 영역을 차지하고 있습니다. 관리를 하자니 뭘 해야 할지 모르겠고 무시하기에는 너무 크고 중요한 영역을 차지하고 있습니다. 그래서 스펜서Spencer & 스펜서Spencer는 다음과 같이 말합니다.

> "지식과 스킬은 개발하기가 비교적 쉽다. 따라서 교육 훈련이 능력 확보를 위한 바람직한 방법이다. 반면 밑바닥에 자리잡고 있는 동기와 특질을 평가하고 개발하기는 어려우므로 그런 사람을 선발하는 것이 오히려 효과적이다."[06]

태도는 관리가 어렵다고 말합니다. 하지만 그럼에도 우리는 태도를 무시할 수는 없습니다. '인성은 좋은데 일을 잘 못하는 사람' 대 '일은 잘하는데 인성이 부족한 사람'을 두고 고민한다는 건 태도가 중요함을 이야기하는 것을 의미하기도 합니다.

앞서 우리는 인사를 '사람을 관리하는 것'이 아니라 '일 하는 사람에 대한 데이터를 관리하는 것'으로 이야기했습니다. 이렇게 보면 우리가 관리하고자 하는 태도도 이렇게 정의할 수 있습니다.

"사람의 태도가 아닌 일 하는 사람의 태도"

이를 조금 풀어보면 다음과 같이 설명할 수 있습니다.

"일을 할 때 지속적으로 성과를 만들어내기 위해 갖추어야 할 구성원의 태도"

그리고 이를 저는 '협력'이라고 말합니다.

Q | 066

전문성과 협력이라는 두 단어로 이야기할 수 있겠네요. 이 두 키워드를 양식과 연결지어 볼 수 있을까요?

전문성은 완성되는 것이 아니라 지속적으로 어제보다 나은 오늘의 나를 만들어가는 것입니다. 이를 위해서는 우선 '오늘의 나', 즉 나 자신의 현재 상태를 이해해야 합니다. 내가 잘하는 것이 무엇인지, 내가 잘한다고 생각하는 걸 실제로 내가 잘하는지, 내가 잘 못하거나 부족한 것은 무엇인지, 개선, 즉 잘하는 것을 더 잘하고 부족한 부분을 채우기 위해 필요한 것, 해야 하는 것, 할 수 있는 것은 무엇인지를 탐색하고 확인하는 시간이 필요합니다. 이를 양식으로 표현하면 110쪽과 같습니다.

자기 이해의 시작은 자기 자신이 스스로 진단하는 것입니다. 그래서 양식의 제목에 이 양식을 작성할 주체로서 코치이coachee를 명시하고 있습니다. 아울러 기업에서 성과 관리의 기본 주체는 단위 조직의 성과에 대한 책임과 권한을 가지는 리더와 실무를 수행하는 구성원이라 이야기합니다. 따라서 우리는 성과/산출물을 기준으로 한 자기 이해를 리더의 관점에서 바라볼 필요가 있습니다.

이러한 양식은 다음 몇 가지 기능을 수행합니다.

우선 양식은 생각, 대화의 기준을 제공합니다. 매일 마주하는 수

많은 회의에서 우리는 종종 대화가 산으로 가거나, 주제를 잃고 헤매는 상황을 만나곤 합니다. 양식은 다루어야 할 주제, 내용 등을 구체적으로 제시함으로써 회의가 방향을 잃고 헤매다가 끝나는 일을 최소화할 수 있습니다.

양식은 문자로 기록을 하게 합니다. 생각, 말을 글로 표현한다는 것은 또 다른 차원입니다. 생각을 글로 표현하는 과정에서 우리는 생각의 시간을 가지며 이를 통해 스스로를 돌아볼 수 있습니다.

리더와 구성원은 동일한 항목에 대한 자신들의 생각을 기록하고 서로 같거나 다른 생각들을 공유함으로써 서로에 대한 이해도를 높일 수 있습니다. 서로가 서로의 생각에 균열을 제공하면서 동시에 보완해 줄 수도 있죠. 서로의 생각에 균열을 만드는 과정, 이를 저는 코칭coaching이라고 말합니다. 다음 쪽 양식의 제목에 코치이coachee와 코치coach가 있는 이유이기도 합니다.

PARS Reflection Sheet-Coachee

1. 기본 정보

한글성명 Coachee	영문명 Coachee	부문	팀	직상급자명 Coach	작성일	담당 직무

Data

2-1. 산출물 도출 과정 기술 by 코치이

KR		Coach & Coachee 합의된 KR
과업 시작 시점		과업 지시를 받은 시점, 과업을 검토하거나 구상하기 시작한 시점
과업 종료 시점		최종 산출물이 구체적으로 도출된 시점
과정 Review		과업 시작 시점부터 종료 시점까지 행한 구체적인 과정을 기술
잘된 점		과정을 review하면서 나름 잘했다고 평가할 수 있는 내용들 기술
개선 점 (내용)		과정을 review하면서 아쉬웠던 내용들 기술
개선 과제		개선점(내용)을 개선하기 위한 과제
개선 과제 지원 사항		개선 과제 이행을 위해 필요한 지원 사항 (협력, 교육, 업무 경험 등)
고마운 동료		과제 수행 과정에서 도움을 받았던, 고마움을 전하고 싶은 동료

강점 피드백

개선점 피드백 개선의 정도

고마운 횟수

PARS Reflection Sheet-Coach

Data

2-2. 산출물 도출 과정 기술 by 코치

KR	
시간 적정성	
과업 이해도	
강점과 단점	
개선점 코멘트	
개선 과제 코멘트	
전문성 진단	
기록/누적 감사 인사	

강점 피드백

개선점 피드백 개선의 정도

직무 수행 수준 평균 점수

위 양식 항목 중 지금까지 이야기에서 나오지 않았던 항목이 눈에 띄는데요.

'전문성 진단' 항목을 이야기하시는 듯합니다. 앞서 우리는 성과 관리 데이터를 통해 성과 평가를 수행할 수 있음을 이야기했습니다. 전문성 진단 항목은 성과 관리를 성과 평가로 연결하는 기준을 잡기 위해 양식에 포함한 항목이라 할 수 있습니다.

간혹 성과 관리에서 전문성이라는 단어를 사용하는 이유가 잘 이해되지 않는다는 말을 하는 분들이 있습니다. 전문성이라는 다소 개념적인 단어의 등장이 불편해서일 수도 있고, 전문성이라는 단어에 대한 부정적인 인식을 가지고 있을 수도 있죠.

앞선 글에서 우리는 전문성을

> "일의 수행에 필요한 지식을 갖추고 그 지식을 활용하여 문제를 해결하고, 그 문제 해결 과정을 통해 배우고 더 나은 상태로 나아가는 성향"

으로 이야기했습니다. 성과 관리는 '개선'을 통해 지속적으로 어제보다 나은 오늘, 오늘보다 나은 내일을 만들어가는 과정을 관리하는 일련의 활동입니다. 그 개선의 대상은 일이지만 그 개선의 과정을 만들어가는 것은 각 직무를 담당하고 있는 실무자, 즉 사람입니다. 그런데 실무자, 즉 사람은 모두 다릅니다. 경험이 적고 많음의 차이, 해당 분야에서 지식 수준의 차이, 얼마나 많은 생각·고민을 했는가의 차이 등 많은 다름을 가지고 있죠. 이 다름은 현재 상태를 진단하고 문제를 정의하고 개선 방향을 잡고 개선 과제를 도출하는 과정에 영향을 미칩니다. 그 다름을 고려하지 못하면 우리는 '개선'이라는 성과 관리의 목적을 온전히 달성하기 어려울 겁니다.

아울러 우리는 성과 관리 제도에서 '전문성 수준'을 데이터로 관리함으로써 서로 독립적인 제도로서 성과 관리 제도와 성과 평가/보상 제도의 연결성을 보다 용이하게 만들 수 있습니다. 연간 평가에서 우리는 '연간'이라는 단어를 사용합니다. '연간年間'은 '한 해 동안'을 의미합니다. '연간'과 '연말年末'은 분명히 서로 다른 의미를 가집니다. 우리가 하는 성과 평가는 '연말'에 시행하더라도 그 평가의 대상은 '연간'이 되어야 합니다. 성과 관리 제도는 연간의 성과를 관리하는 도구입니다. 만일 그 과정에서 우리가 평가를 위한 데이터를 확보할 수 있다면 우리는 성과 평가를 보다 쉽고 보다 정확하게 할 수 있을 겁니다.

구성원의 전문성은 개선이라는, 성과 관리를 통해 만들고자 하는 가치를 만들어내는 데 중요한 기본 가정underlying assumption입니다. 성과 관리 제도를 설계하며 양식 항목에 전문성 진단을 추가한 이유입니다.

Q | 068

두 가지 질문이 있습니다.
하나는 성과 관리 제도의 양식 데이터가 성과 평가 제도로
연결되는 구체적인 모습에 대한 것이고요. 전문성 수준이
그 연결에서 중요한 역할을 한다고 했는데 그 전문성 수준을
어떻게 측정할 수 있을지가 두 번째 질문입니다.

앞서 우리는 제도를 만드는 도구로 절차, 양식, 기한을 각각 살펴보았습니다. 이들을 한데 모아보죠. 우리는 평가 제도와 연결하려고 하니 우리의 평가 주기, 즉 1년을 기준으로 하면 피드백 주기는 이보다는 짧아야 합니다. 그 피드백 주기로 일, 주, 월, 분기 등의 기간을 표시하는 단어를 사용할 수 있겠지만, 우리는 산출물 주기라는 개념을 사용할 겁니다. 산출물 주기란 '산출물이 도출된 시점'을 의미합니다. 피드백 주기는 산출물 주기를 사용하지만 인사 입장에서는 별도의 관리를 위한 주기가 필요합니다. 현장 모든 직무의 산출물을 인사가 다 알 수 없기 때문입니다. 관리 주기에 정답이 있는 건 아니지만 개인적으로 기준으로 삼는 관리 주기로 '분기'를 제안합니다.

관리 주기와 산출물 주기가 결합되어 현장의 리더와 구성원에게 전달하는 메시지는 다음과 같습니다.

"분기별로 산출물을 3~5개를 정하세요. 각 산출물이 도출된 시점에 구성원은 coachee 양식을 작성하고 이를 직상급 리더에게 제출합니다. 직상급 리더는 구성원이 제출한 양식의 내용을 확인하고 참고하여 coach 양식을 작성합니다. 작성이 완료되면 리더는 구성원과 원온원을 진행합니다. 원온원을 구성하는 대화의 기준은 산출물이며 그 대화의 소재는 양식에 담긴 내용입니다."

구성원 입장에서 보면 분기마다 3개의 산출물을 정하고 분기에 최소한 3번의 원온원을 경험할 수 있게 되죠. 인사 입장에서 보면 분기마다 3개의 산출물을 기준으로 작성된 양식에 담긴 데이터를 확보할 수 있게 될 겁니다. 분기에 3개라면 연간 12개의 서로 다른 산출물을 만드는 동일한 구성원에 대한 데이터를 확보할 수 있게 되는 거죠.

Q |069|

연중 데이터를 기반으로 평가를 할 수 있다는 것에는 공감합니다. 하지만 '어떻게'라는 관점에서 구체적으로 그려지지는 않는 듯합니다.

그 '어떻게'를 구체적으로 그리기 위해 앞서 말해 주신 '전문성 수준'이라는 것이 필요합니다. 분기마다 3개, 연간 12개의 산출물을 기준으로 12번의 전문성 수준을 진단하는 게 되죠. 만일 우리가 이 전문성 수준을 성과 평가에 활용할 수 있는 형태로 관리할 수 있다면 어쩌면 우리는 연말에 성과 평가 절차를 별도로 진행할 필요가 없게 될 수도 있겠죠.

네 등급을 말합니다. 등급은 우리가 판단과 보상을 보다 명확하게 인식하고 그 적용을 쉽게 할 수 있도록 도와줍니다. 상대 평가를 경험하고 이에 익숙한 분들은 '등급'이라는 단어를 '상대 평가'와 연결하여 생각하실 수 있는데 이 둘은 다른 개념입니다. 상대 평가는 말 그대로 상대적으로 더 잘한 사람이 더 좋은 평가와 보상을 받는다는 말입니다. 90점과 89.9점이 있는데 90점이 89.9점보다 상대적으로 높은 점수이니 "90점은 A이고 89.9점은 B이다"라고 말하는 거죠. 사실 상대 평가의 핵심은 등급이 아닌 등급에 적용된 비율입니다. 우리가 현장에서 5% : 10% : 70% : 10% : 5% 등으로 이야기하는 것이죠. 등급 입장에서는 조금은 억울한 면이 있죠.

네, 맞습니다. 다만 등급별 비율이 적용되어 등급별 인원수가 제한된 상태의 등급이 아니라 12번의 전문성 진단값에 기반한 평가 등급인 거죠. 이 등급에는 등급별 비율이 없습니다. 89.9점이 0.1점 차이로 A가 아닌 B를 받는 상황이 발생하지 않습니다.

Q | 072

전문성 진단을 어떻게 하는가?가 중요하겠네요.
그 전에 한 가지 확인해야 할 게 있습니다.
앞서 나눈 이야기를 돌아보면 전문성 진단을 하려면 원온원이
선행되어야 할 거 같은데요. 전문성 진단도 양식에 기록되어야
하니까요. 그런데 리더와 구성원이 원온원을 12번 한다고 하면
리더 입장에서는 너무 부담되지 않을까요? 리더 입장에서 보면
구성원이 한 명이 아니라 여러 명이니까요.

원온원은 산출물 주기를 기준으로 운영됩니다. 산출물이 도출되
는 시점은 각 직무마다 개인마다 산출물 특성에 따라 다 다를 수 있
습니다. 산출물은 분산되어 있습니다. 다만 리더들이 과제를 미루
지 않고 제 시기에 할 수 있도록 인사가 알람을 줄 필요가 있죠. 이
를 위해 관리 주기가 필요한 거죠. 인사팀은 분기 초마다 개인별 산
출물과 산출물 도출 시기를 받아서 산출물별로 도출 시점에 리더들
에게 원온원 알람을 해줄 수 있습니다.

말씀 주신 내용과 관련하여 특정 조직의 구성원 수가 절대적으
로 많은 경우를 이야기할 필요가 있습니다. 이 경우 산출물을 분산
하는 것만으로 리더의 원온원에 대한 부담을 해소할 수 없습니다.
우리는 보통 1개 팀을 기준으로 7~8명이 넘지 않도록 설계하는 것
이 바람직하다고 말하고 있지만 예를 들어 구성원들이 수행하는 직

무 특성이 동일 혹은 유사한 경우 7~8명보다 더 많은 구성원이 있을 수 있죠. 제 경험상 1개 팀에 50명이 넘는 경우도 있었거든요.

이 경우 공식 리더는 1명이지만 해당 팀에 구성원 관리를 위한 중간 관리자를 만들어 줄 수 있습니다. 중간 관리자는 각자 담당하는 구성원과 원온원을 진행하며 그 결과를 공식 리더에게 전달하는 구조입니다. 조직 설계 관점의 적용을 통해 해결이 가능합니다.

전문성을 진단하는 어느 정도 일반화된 기준은 아직까지는 없다
고 생각합니다. 제가 전문성을 염두에 두고 인사 제도, 특히 성과 관
리 제도를 이야기하기 시작한 시점이 2016년 가을부터였고 2024년
현재까지도 같은 상황이 유지되고 있음을 생각해 보면 쉽게 정리되
기 어렵겠다는 생각을 합니다. 다만 인사 실무자의 한 사람으로 사
용하고 있는 전문성 척도를 소개합니다.

Level 1. 과업을 주도적으로 수행하기 어려우며, 지도 및 조언에
　　　　기반하여 보조적인 수준의 업무를 수행

Level 2. 정해진 프로세스에 따라 과업을 수행할 수 있음. 업무 변
　　　　동성이 낮고 반복적 성격이 강함

Level 3. 과업을 독자적으로 수행하여 개선을 위한 탐색형 이슈를
　　　　발굴·개선할 수 있음. 일부 예외적인 상황이 발생하며,
　　　　이에 독자적 대응이 가능함

Level 4. 과업의 수행 방법론 및 절차, 관련 지식 등에 대한 이해를
　　　　기반으로 타인을 지도·육성하며 주도적으로 새로운 과제
　　　　를 발굴·해결할 수 있음

Level 5. 과업 수행에 필요한 차원의 협력을 끌어내고 트렌드에 대

한 이해를 기반으로 미래를 예측하여 향후 운영 방향을
제시하고 조직에 적용할 수 있음

앞서 우리는 전문성을 '일의 수행에 필요한 지식을 갖추고 그 지식을 활용하여 문제를 해결하고, 그 문제 해결 과정을 통해 배우고 더 나은 상태로 나아가는 성향'으로 이야기했습니다. 이 정의에 비추어 보면 우리는 최소 Level 3이 되어야 기본적인 전문성을 가지고 있다고 말할 수 있습니다.

그런데 한 개인이 가진 전문성은 산출물에 따라 달라질 수 있습니다. 채용 업무를 주로 해온 구성원에게 모집 공고, 커피챗, 채용 채널 선정 등은 Level 3에 해당하지만 취업 규칙 개정을 위한 설명회와 동의 절차 등은 어려운 일, 즉 Level 1이나 Level 2에 해당할 수 있습니다. 우리는 분기마다 3개씩 연간 최소 서로 다른 산출물 12개를 대상으로 전문성을 진단함으로써 구성원이 무엇을 잘하고 무엇을 어려워하는지 확인하고 잘하는 것을 더 잘하고 어려워하는 것을 개선할 수 있는 방법을 같이 생각하고 실행함으로써 구성원의 전문성 수준을 높일 수 있습니다.

Level 4는 왜 하는가를 포함합니다. 연차 휴가에 대해 근로기준법 제60조 제1항 "1년간 80퍼센트 이상 출근한 근로자에게 15일의 유급 휴가를 주어야 한다"라는 규정에 따라 연차 유급 휴가를 부여해야 한다고 말할 수 있는 사람은 많습니다. 하지만 근로기준법 제

60조에서 연차 유급 휴가를 왜 규정하고 있는가를 이야기하는 사람은 상대적으로 적습니다.

"남는 연차 휴가를 거래할 수 없을까요?"

라는 질문이 있습니다. 누구는 본의 아니게 휴가가 남고 누구는 본의 아니게 휴가가 모자라고, 연차 촉진을 하니 남는 휴가가 수당으로 주어지는 것도 아닌데 구성원 간 휴가를 거래할 수 있으면 서로 좋지 않을까 하는 내용입니다.

이 질문에 대해 두 가지 답변이 있습니다.

답변 1. "법 규정이 없어서 안 됩니다."
답변 2. "연차 휴가가 근로자에게 부여된 권리인 건 맞지만 근로 제공—급여와 같은 상호 반대급부와는 달리 근로기준법이라는 제도를 통해 부여된 권리입니다. 법은 그 나름의 취지를 담고 있고 근로기준법상 연차 유급 휴가 제도는 근로자의 휴식권을 보장한다는 취지를 가지고 있죠. 연차 유급 휴가의 거래를 허용하면 자칫 금전적인 목적으로 휴식권을 제한하는 상황이 발생할 수 있습니다. 설사 그 거래가 당사자 간 합의에 기반한 것이라도 말이죠."

답변 1은 그 대답의 기반으로 법 제도가 가진 강제성을 사용합니다. 반면 답변 2는 그 대답의 기반으로 논리를 사용합니다. 타인을 지도·육성한다는 것은 생각, 말, 표현을 논리적으로 전달할 수 있음을 말합니다.

Q | 074

무언가 많은 이야기를 해왔다는 생각이 드네요.
다음 이야기를 하기 전에 앞선 이야기들을
좀 정리해 볼까요?

성과 관리 제도 설계의 시작으로 우리는 '예측하기predict'를 이야기했습니다. 일정 기한 내에 우리가 만들고자 하는 구체적인, 그래서 논쟁의 여지가 없는 상태로서 산출물을 예측하는 것입니다. 이렇게 표현할 수 있습니다.

산출물을 예측했다면 이제 행동해야 하죠. 이를 우리는 '행동하기action'라고 말했죠.

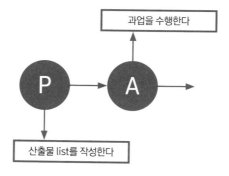

행동하기를 통해 산출물을 만들었다면 그 산출물을 기준으로 우리는 우리가 잘한 점, 개선점 등 양식을 통해 사전에 정해 놓은 항목들을 중심으로 문서로 기록하고 성과 관리의 두 주체인 리더와 구성원 간 원온원이 이루어질 수 있도록 합니다. 이를 '돌아보기reflection'로 이야기했습니다.

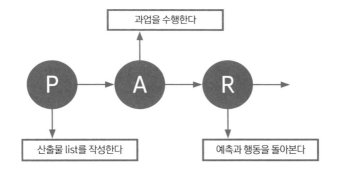

원온원의 결괏값으로 채워진 양식은 인사팀에 전달되며 도출된 산출물은 이해관계자, 즉 해당 산출물을 필요로 하는 다른 기능/부서에 전달되며, 이를 '공유하기sharing'라 말합니다.

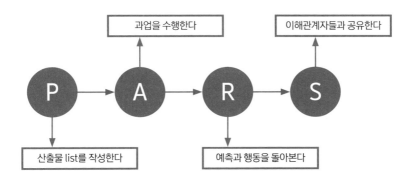

PARS에서 행동의 주체는 인사가 아닌 현장의 리더와 구성원들입니다. 그들이 각자 직무에서 필요한 산출물을 예측하고 행동으로 구체화하여 산출물을 만들고 점검하여 지속적으로 성과를 개선해 가는 과정을 PARS는 이야기합니다. 이 과정에서 인사는 PARS가 원활히 진행될 수 있도록 절차를 만들고 기한을 정하고 필요한 양식/정보를 제공하는 역할을 수행합니다.

PARS를 분기 단위로 운영하면 우리는 분기마다 구성원 1명을 기준으로 3~5개의 산출물과 각 산출물을 기준으로 한 원온원의 결과물로서 데이터를 만날 수 있습니다. 이 과정에서 리더들로부터 불만이 발생할 수 있습니다. 예를 들어 팀 구성원이 많다면 1명당 3개씩만 산출물을 잡아도 원온원만 하다가 시간이 다 간다는 이야기죠. 우리는 원온원, 관찰 등의 관리 요소를 고려하여 팀 단위 조직은 7~8명 수준을 max값으로 이야기합니다. 하지만 수행하는 직무의 유사성 등에 따라 1개 단위 조직이 수십 명이 되는 경우도 있음을 우리는 알고 있죠. 따라서 이 경우에 우리는 단위 조직 내에 관찰과 원온원을 위한 별도의 중간 관리자를 둘 것을 제안합니다.

데이터는 우리가 이후 성과 평가 등 인사 업무 수행을 위해 필요로 하는 데이터들로 구성하며 저는 전문성과 협력이라는 두 단어를 키워드로 하고 "일의 수행에 필요한 지식을 갖추고 그 지식을 활용하여 문제를 해결하고, 그 문제 해결 과정을 통해 배우고 더 나은 상태로 나아가는 성향"으로 정의된 전문성을 위한 항목으로 '잘한 점'

과 '개선점'을, 협업을 위한 항목으로 '고마운 동료'를 구성하고 이들을 포괄하여 향후 성과 평가 및 보상에 활용할 목적으로 전문성 수준을 양식의 항목으로 추가하였습니다.

데이터 항목 중 잘한 점, 개선점, 고마운 동료는 비교적 그 의미가 명확한데 전문성 수준이라는 데이터 항목은 보다 구체적인 기준/정의가 필요하죠. 그래서 전문성 수준을 진단하기 위한 레벨링 leveling을 5단계로 진행하였습니다. 구체적인 산출물을 기준으로 우리가 예측했던 산출물의 상태에 도달했는지, 그렇다면 그 산출물을 예측하고 행동하는 과정에서 행동의 주체로서 구성원은 어느 정도의 주체성을 가지고 있었는지를 진단하는 거죠.

PARS 절차를 분기 단위로 운영했다면 우리는 1년이 지난 시점, 즉 평가와 보상을 해야 하는 시점에 이르렀을 때 구성원 1인당 최소 12개의 산출물과 각 산출물별로 잘한 점, 개선점, 고마운 동료, 그리고 전문성 수준에 관한 항목별로 12개의 데이터를 보유하고 있는 상태가 되어 있을 겁니다.

Quarterly Process as a way of working in our Cop.

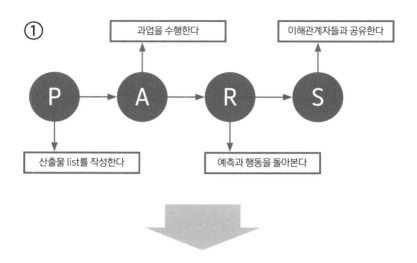

Quarterly Assessment Data

②

KR =
기한+상태

산출물 List	잘한 점	개선점	고마운 동료	전문성 수준
KR1				
KR2				
KR3				
KR4				
KR5				

산출물 단위 측정 및 피드백

③ **1Year = Quarterly Assessment Data × 4**

산출물 List	잘한 점	개선점	고마운 동료	전문성 수준
KR1				3
KR2				3
…	…	…	…	…
…	…	…	…	…
…	…	…	…	…
…	…	…	…	…
…	…	…	…	…
KR12~20				5

.

지금까지 우리는 어떤 과정을 통해 인사에 필요한 데이터를 확보하는가를 이야기했다고 할 수 있겠네요. 데이터를 확보했어도 활용하지 못하면 의미가 없을 듯합니다. 데이터 활용에 대해 이야기해 볼까요?

PARS 절차를 통해 우리가 확보한 데이터는 4개 항목입니다. 잘한 점, 개선점, 고마운 동료, 그리고 전문성 수준이죠.

잘한 점은 우리가 일상적으로 사용하는 강점이라는 단어와 연결됩니다. 다만 PARS 절차를 통해 도출된 잘한 점은 주로 구체성과 사실의 관찰이라는 두 가지를 특성으로 삼죠. PARS에서 잘한 점은 산출물을 기준으로 합니다. 그 산출물을 도출하는 과정에서 관찰된 사실이 잘한 점의 기반을 이룹니다. 일반적인 강점이 이해력이 높다, 계산을 잘한다와 같이 일반적인 표현으로 이루어진다면, PARS에서 잘한 점은 '산출물을 만드는 과정에서 이런 행동, 말, 산출물, 대응 등이 좋았다'로 표현됩니다.

잘한 점의 활용을 우리는 이렇게 표현합니다.

"잘하는 것을 더 잘할 수 있게 우리가 할 수 있는 것에는 무엇이 있을까?"

이 질문은 교육, 커리어 개발 등으로 연결됩니다. 연결된 다른 직무에 대한 경험, 사외 위탁 교육 등으로 구체화되겠죠. 그 과정에서 우리는 잠재적 리더 후보자들을 만날 수도 있을 겁니다.

Q | 076

잘한 점이 강점이라면, 개선점은 단점으로, 개선 과제는 단점을 보완하는 것으로 이해할 수 있을까요?

지난 시간 중에 결과 평가 면담에서 피드백을 이렇게 하는 경우가 있었습니다.

> "홍길동 대리는 ○○○는 잘하는데 ◇◇◇는 잘 못하니까 이 부분을 개선해 봐."

여기에서 ○○○는 강점으로, ◇◇◇는 단점으로 말할 수 있습니다. 저는 빨리하는 걸 잘 못합니다. 저는 특히나 서두르면 실수를 할 가능성이 높아진다는 걸 알고 있죠. 실제 주니어 시절에는 종종 "빨리 좀 해"라는 말을 듣기도 했습니다. 그런데 중요한 사실이 있습니다. 일을 서두르지는 않았지만 사전에 정한 일의 마감 기한을 넘긴 적이 없었다는 점이었습니다. 일을 서두르지 않아도 일을 완성할 수 있음을 말합니다. 만일 제가 단점을 지적받고 행동을 더 빨리하려 노력했다면 실수가 많아지고 일의 완성도는 낮아지지 않았을까요?

저는 행동을 빨리하는 것 대신 산출물을 기준으로 일종의 절차를 머릿속으로 그렸습니다. 그 그림이 완성되기 위해서 최대한 많

132 — 성공하는 인사 제도를 위한 짧은 대화

이 알아야 했고, 그래서 꾸준히 배우려 노력했고, 평소 필요한 자료들을 모아두었습니다. 필요할 때 바로 꺼내 쓸 수 있도록 말이죠.

우리는 종종 강점은 좋은 것이고 단점은 나쁜 것이라고 말합니다. 그런데 강점과 단점은 좋고 나쁨, 옳고 그름의 영역이 아닌 상대적인 영역에 있습니다. 강점은 우리가 좀 더 편하게 느끼고 쉽다고 느끼는, 우리들 자신에게 쉽게 발현되는 특징이라면 단점은 상대적으로 우리가 어려워하고 무언가 추가적인 노력을 해야 발현되는 특징입니다. 어릴 적에 수학을 정말 못한다는 말을 종종 듣곤 했지만 수학을 아예 못하는 건 아니었던 것처럼 말이죠.

개선 과제는 단순히 구성원이 가지는 단점을 보완하기 위한 과제가 아닙니다. 우선 단점, 즉 우리가 상대적으로 하기 어려워하는 것의 경우 이것만으로 무조건 개선이 필요하다고 말할 수는 없습니다. 그것이 단점이니까 개선해야 하는 것이 아니라 그 단점이 우리가 만들고자 하는 산출물에 영향을 주는 경우 혹은 그 단점이 강점의 발현을 제한하는 경우에 개선 과제로 반영될 수 있습니다.

따라서 개선 과제는 무조건 단점을 보완하는 것이 아니라 산출물과 강점을 기준으로 정하는 것이라 말할 수 있습니다.

'고마운 동료'라는 항목은 좀 특이합니다.

앞서 우리는 전문성과 협력이라는 두 단어를 키워드로 이야기했습니다. 잘한 점, 개선점이 전문성에 관한 데이터라면, 고마운 동료는 협력을 확인하기 위한 데이터라고 말할 수 있습니다.

기업은 유기체라고 하죠. 공동의 목표를 달성하기 위해서 여러 기능들이 서로 유기적으로 연결되어 움직이는 공동체라는 말이죠. 예를 들어 방송으로 상품을 판매하는 경우를 생각해 보면, 상품이 100% 판매되었을 때는 특정 개인이 잘해서라기보다는 그 상품의 소싱부터 실제 방송을 통한 판매까지 일련의 기능들이 잘 진행되었기 때문이라고 할 수 있습니다. 좋은 상품을 소싱했고, 소싱된 상품의 품질 검증이 잘 진행되었으며, 상품 판매를 위해 효율적으로 제작한 영상이 만들어낸 결과물인 거죠.

상품 매출 목표가 달성되어 월 포상을 진행합니다. 해당 상품을 소싱한 영업 사원은 포상을 받았지만 그 과정에 관여한 다른 동료들은 인정받지 못하죠. 소위 말하는 스탭 부서들입니다. 스탭 부서들도 영업이라는 직무 특성을 인정하지만 이러한 일들이 계속 반복되면 일종의 상대적 박탈감을 느끼게 됩니다. 일에 대한 동기가 사라지고 조용한 사직quiet quitting의 모습들이 등장합니다.

고마운 동료는 이렇게 조용한 사직으로 이어지는 상황을 방지하고 나아가 구성원에게 협력 관계에 대해 다시금 생각해 보는 시간을 가질 수 있게 해줍니다. 예를 들어 상품을 소싱하고 이후 방송까지 시간적 여유가 부족했음에도 품질 검사가 빠르게 진행될 수 있었다는 내용의 우리 기업의 이야기와 그 이야기를 통해 만드는 협력 관계 형성을 고마운 동료를 통해 만들어볼 수 있습니다.

구체적으로는 포상 제도에 활용할 수 있겠죠. 특정 사례가 있는 경우 월포상으로, 분기나 반기, 연간 등에는 해당 기간 동안 반복적으로 다양한 구성원들로부터 언급된 구성원을 대상으로 할 수 있을 겁니다. 연말 송년회라면 '올해의 협력왕'과 같은 타이틀을 만들어 볼 수도 있습니다.

잘한 점, 개선점, 고마운 동료가 전문성과 협력이라는 두 키워드에 관한 것이라면 전문성 진단은 성과 관리와 성과 평가를 연결하기 위하여 관리하는 데이터라고 할 수 있습니다.

앞서 잠시 OKR을 이야기하며 성과 관리 제도로서 OKR은 성과 평가/보상과 분리decoupled되어야 한다는 이야기를 했었는데, 이는 성과 관리와 성과 평가/보상이 서로 독립적인 영역이라는 의미이지 서로 연결성이 없음을 의미하는 것이 아니라는 이야기를 했습니다.

오히려 피드백 관점에서 보면 성과 관리와 성과 평가/보상은 서로 연결되어야 합니다. 우리 기업의 진짜 가치는 그럴듯해 보이는 구호가 아닌 누가 보상받고, 승진하고, 해고되는지로[07] 나타나기 때문입니다.

전문성 진단은 보상을 위한 성과 평가 제도를 운영하기 위한 기준이 되는 데이터입니다.

성과 관리 절차로서 PARS를 잘 운영해 왔다면 우리는 구성원 1명에 대한 최소한 12개의 전문성 진단값을 마주할 수 있습니다. 단순하게 생각해 보면 이 12개의 점수를 평균하여 평균 점수를 기본으로 활용할 수 있습니다. 만일 산출물들이 서로 다른 성격을 가지

1Year = Quarterly Assessment Data × 4

산출물 List	잘한 점	개선점	고마운 동료	전문성 수준
KR1				3
KR2				3
...	...	...	...	...
...	...	...	...	...
...	...	...	...	...
...	...	...	...	...
...	...	...	...	...
KR12~20				5
Evaluation	강점 피드백	개선점 피드백 개선의 정도	고마움 횟수	전문성 평균 점수

고 있고 산출물 중에서 기업 차원에서 중요성이 높다고 판단하는 산출물이 있다면 산출물별로 가중치를 부여하여 전문성 점수를 만들 수도 있겠죠. 데이터를 어떻게 활용할 것인가는 인사 담당자들의 생각에 따라 달라질 수 있습니다. 그 인사 담당자 중 한 사람으로 제가 한 생각은 138~139쪽과 같습니다.

앞서 우리는 1년동안 PARS 절차를 운영하여 ③번의 데이터를 확보하였습니다. 우선 전문성 점수를 단순 평균 혹은 가중 평균하여 보상을 위한 기준으로서 기본 등급을 설정할 수 있습니다. 여기에서 한 가지 기존 우리가 경험했던 상대 평가와 다른 점이 있습니

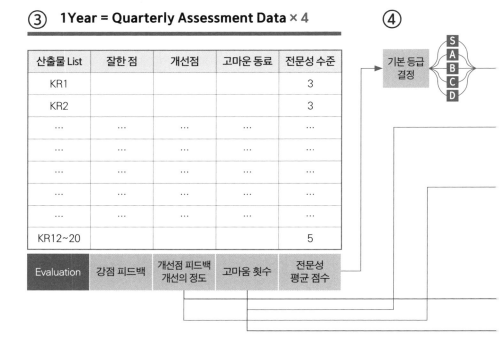

③ **1Year = Quarterly Assessment Data × 4**   ④

산출물 List	잘한 점	개선점	고마운 동료	전문성 수준
KR1				3
KR2				3
...	...	...	...	...
...	...	...	...	...
...	...	...	...	...
...	...	...	...	...
...	...	...	...	...
KR12~20				5
Evaluation	강점 피드백	개선점 피드백 개선의 정도	고마움 횟수	전문성 평균 점수

기본 등급
결정

S
A
B
C
D

다. 등급별로 비율을 정하지 않고 있다는 점입니다. 조금 극단적으로 말하면 S~B만 나오고 C~D는 아예 나오지 않을 수 있다는 것입니다. 적어도 기본 등급 결정 단계에서는 말이죠.

인사를 하면서 알게 된 것이 있다면 동일한 행동도 때로는 다를수 있다는 점입니다. 누군가는 정말로 소위 깔고 뭉갤 목적으로 일을 미루는 행동을 하지만 다른 누군가는 일을 잘하기 위해 일을 미

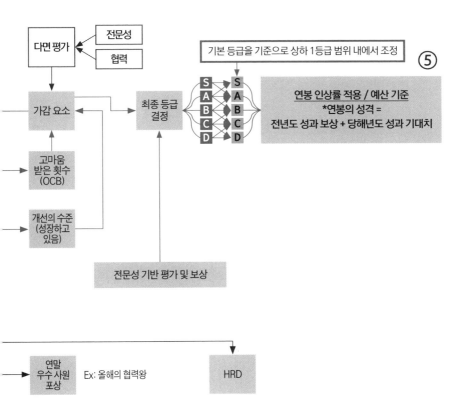

루는 계획을 설정하기도 한다는 것이죠. 따라서 인사는 사람으로서 구성원을 판단할 때 가능한 다양한 관점에서 살펴볼 필요가 있습니다.

'열 길 물속은 알아도 한 길 사람 속은 모른다'는 속담이 있습니다. 저는 가능하다면 사람에 대한 판단은 반복적으로 이루어져야 한다고 이야기합니다. 그 반복적인 판단의 결과가 일관성이 있게 나온다면 비로소 우리는 그 사람에 대해 적어도 기업 내 구성원으로서 판단을 할 수 있다고 할 수 있습니다.

성과 관리 제도를 통해 우리는 전문성 진단 데이터를 확보했고 이를 기준으로 기본 등급을 설정했습니다. 하지만 이 기본 등급의 적합성을 검증하고 필요한 경우 보완할 수 있다면 우리는 구성원에 대한 보다 적합한 판단을 할 수 있으리라 생각합니다.

기본 등급을 검증하는 요소로 제가 제시하는 것은 다음 세 가지입니다.

1. 성과 관리 데이터 활용하기
2. 저성과자C-player 정의하기
3. 다면 평가 제도 운영하기

검증에 대해 좀 더 이야기해 볼까요.

우리는 앞서 성과 관리 제도를 이야기하며 전문성과 협력이라는 두 단어를 키워드로 하였습니다. 따라서 전문성 진단 점수 이외의 잘한 점, 개선점, 고마움 횟수 등의 데이터도 전문성, 협력에 관한 데이터로 활용할 수 있습니다. 우리가 평가 보상을 위한 데이터로 전문성 진단 항목을 설정한 것은 등급화를 용이하게 하고자 한 것이죠. 우선 가점 요소로 연중 고마운 동료로 언급된 구성원에 대하여 등급 가점을 부여할 수 있습니다. 일을 하긴 하지만 개선보다는 적당히 하려는 모습이 반복되는 구성원이라면 등급 선정 시 감점을 고려할 수도 있을 겁니다.

저성과자 관리는 인사에서 사전에 저성과자라는 단어를 정의하고 각 조직의 장에게 해당 정의에 해당하는 구성원이 있는지 여부를 묻는 절차로 진행됩니다. 전문성과 협력 관점에서 제가 제시했던 저성과자의 정의는 다음과 같습니다.

> "현재 직무에서 기대하는 산출물을 만드는 것을 어려워하며(and),
> 향후 현재 직무에서 개선의 가능성이 없다고 판단되어 다음 해에
> 방출해야 한다고 판단하는 인원"

이 정의에 부합하는 인원이 있을 경우 기본 등급 점수와 비교하

여 차이 여부 등을 확인하고, 그 격차가 크다고 판단될 경우 판단 근거 등을 점검하고 리더들이 리더십을 올바르게 발휘할 수 있도록 인사가 코치로서 역할을 수행하는 데 활용할 수 있습니다.

기본 등급 데이터 검증을 할 때 개인적으로 좀 더 강조하는 건 다면 평가입니다.

다면 평가, 사실 하기도 안 하기도 애매한 느낌이 있어요.

다면 평가도 하나의 제도입니다. 앞서 개인적으로 더 강조한다고 말한 이유이기도 하죠. 서로 다른 제도로 동일한 주제, 키워드를 이야기했을 때에도 동일한 결과가 나오는가를 확인하는 것, 검증이죠.

다면 평가도 하나의 제도이므로 그 시작은 '왜 하는가?'에서 출발합니다. 다면 평가는 기존의 하향식 평가의 한계를 보완한다는 취지를 가지고 있습니다. 그런데 다면 평가가 기존의 하향식 평가를 보완하는 구체적인 방식은 어떤 모습일까요? 누군가는 구성원에 대한 피드백이라 말합니다. 기존의 하향식 평가 피드백에 더하여 보다 다양한 관점에서 피드백을 받음으로써 구성원에게 종합적이고 균형있는 피드백을 제공하는 논리입니다.

하지만 이러한 논리가 현실에서는 기대했던 모습과는 다른 모습으로 이어지는 듯 보입니다. 다면 평가 피드백이 진행되었을 때 "그래 내가 이런 부분이 부족했었구나"라는 반응 대신 현실에서 우리는 "와, 다들 나를 이렇게 생각하고 있었던 거야?!"라거나 "이거 누가 말했는지 알 거 같은데" 등의 반응들을 더 자주, 그리고 쉽게 만나곤 합니다.

기대와 다른 모습이 나오는 이유를 우리는 알고 있습니다. 피드백은 맥락이 존재하는 소통이 그 본질이라는 점입니다.

저는 다면 평가가 기존의 하향식 평가의 한계를 보완하는 구체적인 모습으로 기존의 하향식 평가를 검증하는 방식으로 이야기를 합니다. 구성원 개개인에 대한 피드백은 하지 않아도 됩니다. 우리가 다면 평가를 하는 이유는 우리가 PARS를 통해 확보한 데이터를 검증하는 것이기 때문입니다.

다면 평가를 왜 하는가에 대해 기존의 관점을
바꿔볼 필요가 있겠네요. 그런데 다면 평가 문항을
만드는 것도 쉽지는 않은 듯해요.

하나의 진단지를 만드는 건 어려운 일이었습니다. 여기에는 통계적 지식이 필요했죠.

저도 기초 통계 강의만 해도 서너 번은 들었거든요. 강의 시간에는 이해되지만 막상 현장에서 사용하려면 생각만큼 쉽지는 않은 듯해요. 그래서 진단을 위한 문항을 만드는 일이 쉽지 않았었죠.

다행스럽게도 지금 우리들은 대안이 생겼죠. 생성형 AI generative artificial intelligence 말이죠.

검증을 위한 목적의 다면 평가에서 우리가 문항을 통계적으로 설계하는 것보다 더 관심을 가져야 하는 건 '반복된 패턴'을 찾는 것입니다. 동일한 대상을 동일한 주제로 다양한 사람이 제시한 의견에서 '반복적으로 나타나는 패턴'을 찾아 평가 이외의 다른 인사 데이터와 비교·대조해 보는 것을 말합니다.

Q | 082

이야기가 나온 김에 다면 평가 이야기를 좀 더
해보죠. 다면 평가 제도를 설계할 때 고려해야 할
부분들로는 무엇이 있을까요?

우선 기본적으로 다면 평가를 '평가'와 '진단' 중 무엇으로 볼 것
인지를 정할 필요가 있습니다. 우리는 앞서 기본 평가 등급을 검증
하기 위한 목적으로 다면 평가를 이야기했으며 이는 판단이 아닌
진단을 목적으로 한다고 할 수 있습니다. 잘했는지 못했는지를 판
단하는 것이 아니라 현재 상태를 확인하는 목적입니다.

왜 하는가가 정해졌다면 다음에 할 일은 진단의 대상을 정하는
것입니다. 우리가 원하는 건 사람 개인의 모든 정보가 아니라 일하
는 사람으로서 구성원에 대한 정보, 그중에서도 기준이 되는 정보
이며, 앞서 저는 이 기준이 되는 정보로 전문성과 협력이라는 두 단
어를 이야기했습니다. 기본 등급이 전문성과 협력에 관한 산출물에
기반한 값이므로 동일한 대상을 다면 평가라는 다른 방법론으로 측
정하여 검증하는 구조입니다.

다면 평가를 하는 방법론은 많은 인사 담당자들이 잘 알고 있습
니다. 평가 대상자 1인당 평가자는 보통 6~8명을 지정합니다. 실제
다면 평가를 진행하다 보면 '판단할 수 없음' 응답이 나오는 경우가
있어 이 경우의 수를 감안한 평가자 수라고 할 수 있습니다. 평가자

지정 방식은, 인사가 대략적인 기업 전체 구조와 개인별 역할을 이해하고 있다면 인사가 직접 지정할 수도 있고, 사전에 평가자 지정 설문을 진행하여 기본 평가자를 선정 후 여기에 인사가 평가자를 추가하는 방식도 고려할 수 있습니다.

평가자를 복수로 지정하고 여기에 인사가 추가로 개입하는 데에는 평가 데이터의 공정성 담보가 목적이지만 그 기저에는 '보안'이라는 주제가 있습니다.

인사 담당자 입장에서 보안은 평가 결과가 유출되지 않게 하는 것일 수도 있지만 구성원 입장에서 보안은 '누가 나를 평가할까?'에 대한 관심으로 연결됩니다. 다면 평가 보안의 핵심은 누가 누구를 평가하는지를 모르게 하는 것, 그리고 다면 평가의 결과, 즉 평가 의견을 통해 누가 한 말인지를 추론할 수 없게 하는 것이라 할 수 있습니다.

보안 유지를 위해 제가 했던 조금은 극단적이지만 가장 확실한 방법은 평가자 정보와 평가자들의 평가 의견 '로 데이터raw-data'를 아는 사람을 제도 운영에 필요한 최소한으로 제한하는 것이었습니다. Raw-data에 대한 접근 권한을 제도 운영자인 인사 담당자로서 저만 가지고 있고 제 직상급자를 포함해 대표이사에게도 raw-data를 공유하지 않고 대신 정제된 보고서로 공유했던 경우입니다. 당시 제도 설계 단계에서 대표와 본부장에게 미리 알려 두었죠.

"대표님께 결과 보고는 하지만 raw-data는 공유드리지 않겠습니다."

다행히 당시 대표는 제 생각을 존중해 주었고, 그대로 진행할 수 있었습니다. 당시 다면 평가 제도 시행을 위해 설명회를 운영했었고, 우리가 예상하듯 어느 구성원이 보안 이슈를 제기하였습니다. 정말 평가자와 평가 내용에 대한 보안이 유지될 수 있는가 하고 말이죠. 당시 저는 이렇게 말했습니다.

"다면 평가의 raw-data는 대표님께도 공유되지 않고 가공하여 보고를 진행합니다. Raw-data에 대한 접근 권한은 인사팀장인 저만 가지고 있습니다. 만일 어디선가 정보가 노출되었다면 그 원인의 가능성은 저밖에 없습니다. 저한테 오시면 됩니다."

당시 평가자 노출을 막기 위해 평가자 의견들을 일일이 다 확인하고 그 내용을 보고하기 위해 제가 모두 재작성re-writing했었습니다. 대략 500여 개 의견들을 모두 확인하고 재작성하는 일은 생각보다 시간도 오래 걸리고 어렵지만 결과론으로 다면 평가는 진단이라는 목적에 맞게 활용될 수 있었습니다. 만일 해당 과정을 지금 한다면 어쩌면 AI가 우리의 작업 시간을 좀 더 줄여줄 수도 있겠다는 생각도 듭니다.

Q | 083

일을 하는 과정을 통해 평가를 하고 그 평가
결과를 데이터로 검증한다는 게 참 매력적이라는
생각이 드네요

인사 평가 시즌이 되면 인사 평가 담당자가 많이 바쁘다고 말하곤 합니다. 인사 평가 기간은 정해져 있고 그 기간 내에 절차를 마쳐야 보상 결정 단계를 진행할 수 있죠. 인사 평가를 진행하려면 현장의 도움이 필요합니다. 인사라는 일은 많은 경우 현장의 도움을 필요로 합니다. 그런데 연말, 연초입니다. 현업도 가장 바쁜 시기거든요. 영업은 매출 목표 달성과 다음 연도 목표 수준 설정에 신경이 집중되어 있고, 회계는 결산과 감사 준비로 바쁘죠. 마케팅, 인사, 개발 등 다른 기능 부서들도 마찬가지입니다. 심지어 몇몇 리더들은 평가는 그냥 하는 형식적인 거고 보상 결정 때만 신경 쓰면 된다며 대충 평가를 진행하여 제출하기도 하죠. 이들에게 인사 평가는 안 하면 서운하니까 그냥 하는 형식적인 절차에 불과합니다.

사실 성과 관리가 잘 되면 성과 평가는 생각보다 쉬울 수 있습니다. 인사 평가 시즌이 되어서 등급을 도출하는 것이 아니라 성과 관리 과정을 통해 이미 등급을 위한 기초 자료가 준비되어 있기 때문입니다. 앞서 보았던 그림을 다시 볼까요?(150~151쪽)

연말이 되어 우리가 인사 평가를 시작하려고 할 때 이미 우리 손

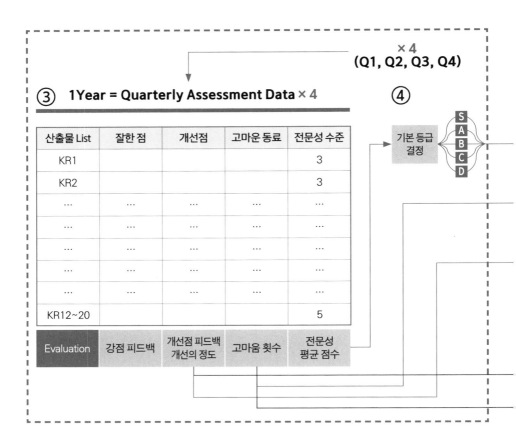

③ **1Year = Quarterly Assessment Data × 4**

× 4
(Q1, Q2, Q3, Q4)

④

산출물 List	잘한 점	개선점	고마운 동료	전문성 수준
KR1				3
KR2				3
...	...	...	...	...
...	...	...	...	...
...	...	...	...	...
...	...	...	...	...
...	...	...	...	...
KR12~20				5
Evaluation	강점 피드백	개선점 피드백 개선의 정도	고마움 횟수	전문성 평균 점수

기본 등급 결정

S A B C D

에는 그림에서 사각형 점선으로 표시된 부분, 즉 기본 등급이 도출된 상태에 도달해 있을 겁니다. 그림에는 표시하지 않았지만 시간의 여유가 있어서 전문성과 협력이라는 동일한 주제로 인사 평가를 추가로 진행한다면 성과 관리의 데이터와 비교·대조해 볼 수 있는 좋은 기회가 될 수 있을 겁니다.

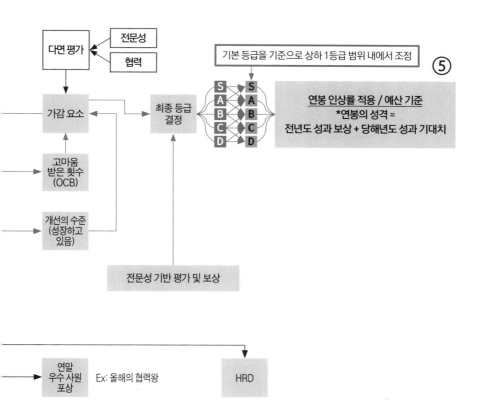

제도와 리더십

Q | 084

무언가 희망(?)같은 게 생긴 듯합니다. 그런데 그 희망이 현실이 되기 위해서 무언가 더 필요한 게 있다는 생각이 듭니다. 인사가 아무리 제도를 만들고 운영해도 현업에서 리더들이 따라와 주지 않으면 쉽지 않다는 건 사실이니까요.

저도 비슷한 경험이 있습니다. 어찌 보면 조금은 극단적인 예인데요. 인사팀에서 대표이사 보고 후 시행한 제도인데 현장의 어느 리더가 우리는 그렇게 못 한다고 선언을 해버린 상황인 거죠. 이는 극단적인 예이지만 소소한 사례들도 있죠. 예를 들어 인사팀에서 근태 관리를 한다고 했는데 리더들이 그걸 무시하거나 잘 지키지 않는 경우 말이죠.

인사 제도를 상품이라고 생각해 보면, 상품을 만들고 판매하는 건 인사이지만 그 상품을 이용하고 가치 있음을 판단하는 건 소비자로서 구성원이죠. 그런데 그 소비자 중에서도 영향력이 큰 소비자가 있습니다. 리더라는 소비자입니다. 이를 그림으로 정리해 보죠.

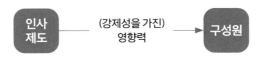

여기 인사 제도가 있습니다. 인사가 제도 시행을 공지하면 그 제

도는 기업 내 구성원들에게 영향력을 제공하며, 구성원은 제도가 정한 절차, 기한, 양식에 기반한 구체적인 말과 행동을 하게 됩니다. 성과 관리 제도 절차로서 PARS가 있다면 구성원은 분기 초에 해당 분기의 주요 산출물을 정하고 기록하고 이를 수행하고 분기 말에 돌아보는 과정으로서 돌아보기 양식을 작성하고, 리더와 구성원은 산출물을 중심으로 하는 원온원을 진행하고 그 최종 결과로서 내용이 채워진 양식을 인사팀에 제출하게 됩니다. 이러한 직무 수행에 필요한 행동을 이 글에서는 직무 행동으로 표현합니다. 인사제도 → 구성원 → 직무 행동 → 산출물이라는 구조가 형성되며 다음과 같이 그려볼 수 있습니다.

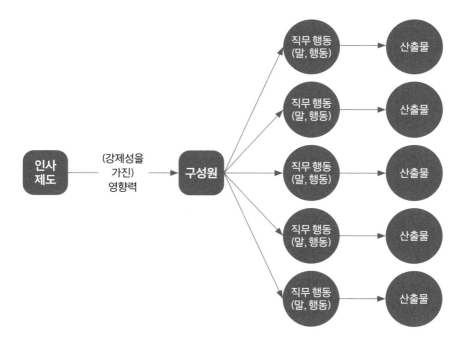

그런데 구성원의 직무 행동에 영향을 주는, 우리가 고려해야 하는 요소, 큰 영향력을 가진 요소가 있습니다. 우리가 이야기하고자 하는 리더입니다. 만일 리더가 인사 제도와 다른 방향으로 영향력을 행사한다면 인사 제도가 본래의 목적을 달성하기란 쉽지 않을 겁니다. 이러한 상황이 한발 더 나아가면, 겉으로는 제도를 지키는 것처럼 보이지만 실제로는 제도가 이야기하는 것과 다르게 행동하는 현상, 즉 디커플링decoupling이 발생할 겁니다. 인사 제도가 방향을 잃고 헤매게 되겠죠. 결국 인사 제도는 힘을 잃고 껍데기만 남고 기업은 특정 리더를 중심으로 움직이는 기업이 될 겁니다.

인사 제도가 잘 운영될 수 있기 위해 리더, 그리고 리더가 발휘하는 영향력으로서 리더십을 이야기해야 하는 이유입니다.

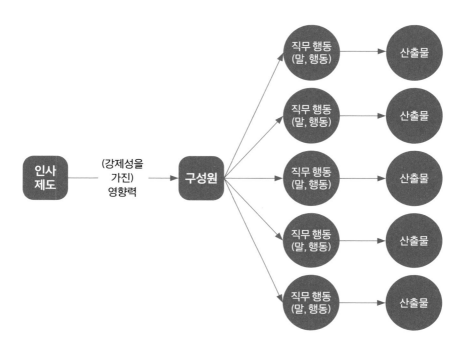

리더십, 참 중요한 단어이고 우리가 많이
사용하는 단어이기도 한데요. 리더십을 어떻게
이해해야 할까요?

리더십에 대한 다양한 정의들이 있습니다. 리더십에 대한 정의
가 다양하다는 것은 달리 말하면 리더십이란 이것이다 하는 단 하
나의 정답이 없음을 의미합니다. 그런데 리더십에 관한 여러 정의
들을 보다 보면 일종의 공통된 속성을 찾아볼 수 있습니다. 나 아닌
다른 누군가가 무언가를 하게 만든다는 것입니다. 관련하여 리더십
에 대한 에드거 샤인Schein, E. H.의 말을 소개합니다.

> "다른 누군가의 행동과 신념에 영향을 제공한다면, 우리는 그것
> 을 '리더십'이라 생각해 볼 수 있다."(Schein, 2010)[08]

그런데 영향력이 만들어지기 위해서는 두 가지 요소가 필요합니
다. 저는 이를 이렇게 표현하곤 합니다.

영향력 $= f$ (힘, 방향성)

영향력은 '가해진 힘'을 말하며 그 힘은 '방향성'을 가집니다. 잘
못된 방향성을 가진 힘은 우리를 잘못된 방향으로 가게 할 겁니다.
힘의 근원이 잘못된 경우 그 힘은 결국 무너지고 말죠.

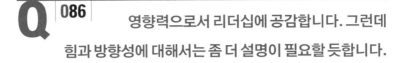

Q 086 | 영향력으로서 리더십에 공감합니다. 그런데 힘과 방향성에 대해서는 좀 더 설명이 필요할 듯합니다.

개인적인 경험상 많은 리더들이 영향력을 행사하는 말과 행동의 기준으로 '리더 자신'을 두고 있다는 생각을 합니다. 리더 자신의 경험과 생각을 정답으로 두고 구성원들의 말과 행동의 옳고 그름을 판단하는 거죠. 이러한 방식의 영향력으로서 리더십이 가지는 방향성은 '리더 혹은 리더의 이익'이 됩니다. 이러한 '리더의 이익'은 누군가에게는 '권위'가 될 수 있고 다른 누군가에게는 '금전적 이익'이 될 수도 있고, 또 다른 누군가에게는 '책임의 회피'가 될 수도 있습니다. 분명한 건 이러한 리더십 방향성을 우리가 올바른 방향성이라 말하기 어렵다는 점이죠.

영향력이 힘을 가하는 방향성의 기준은 환경, 상황에 따라 달라질 수는 있겠지만 적어도 기업, 인사라는 영역에서 리더십 방향성은 사람이 아닌 직무여야 합니다. 이는 다음의 질문으로 표현할 수 있습니다.

"우리가 맡고 있는 일은 왜 하려고 하는가?"

어두운 골목길을 지나고 있습니다. 조금은 불안한 마음이 생기죠. 그런데 저 앞에서 순찰을 도는 경찰관이 보입니다. 우리는 조금

161

은 안도하는 마음을 갖게 될 겁니다. 여기에서 질문을 하나 하려고
합니다.

"우리는 왜 순찰을 도는 경찰을 보고 안도하는 걸까요?"

이 질문을 하면 많은 사람들이 왜 당연한 걸 물어보지? 하는 반
응을 보이곤 합니다.

"경찰이니까요."

라고 말이죠. 그럼 다시 질문을 합니다.

"경찰은 사람일까요? 직무일까요?"

'경찰'은 직무입니다. 지금 우리 눈앞에는 '경찰이라는 직무를
수행하는 사람'이 있죠. 경찰관직무집행법 제1조는 경찰이라는 직
무의 방향성을 다음과 같이 정하고 있습니다.

"국민의 자유와 권익의 보호 및 사회 공공의 안녕과 질서를 유지
하는 것을 목적으로 한다."

리더십을 발휘하고자 하는 리더는 '무엇이 나에게 이익이 되는
가'가 아니라 '이 일을 왜 하는가'에 대한 답을 고민하는 것이 필요
합니다.

방향을 올바르게 정했다면 그 방향으로 나아갈 수 있는 힘이 필

요합니다. 그리고 힘은 그 힘이 기반으로 삼고 있는 근원에 따라 성격, 결과 등이 달라질 수 있습니다. 이와 관련하여 우리가 참고할 내용으로 로버트 시알디니Robert Cialdini의 이야기를 소개합니다.

시알디니는 사람, 기업이 누군가로 하여금 무언가를 하게 만드는 힘으로써 영향력을 갖게 하는 6가지 무기six weapons를 이야기합니다.(Cialdini and Cialdini, 2007)09

호혜성, 일관성, 사회적 증명, 우호성, 외형적 권위, 결핍의 6가지입니다.

1. 호혜성 reciprocity

호혜성은 누군가로부터 무언가 도움/호의를 받았을 때, 특히 그 도움/호의가 상대방이 본래 해야 하는 역할이 아니거나 상대방이 해줄 것으로 기대하지 않았던 도움/호의였을 때 그것에 대해 우리 자신도 도움을 준 상대방에게 도움/호의를 베풀어야 한다는 의무감을 갖게 되는 상태를 말합니다. 이는 협상 전략으로 알려진 틧포탯 Tit-for-Tat 기법과 그 맥락을 같이 한다고 할 수 있습니다. 이는 먼저 선의를 제공하고 그 선의에 대한 대응이 선의로 돌아오면 선의로 대응하는 방식으로, 선의의 대응 과정이 반복되어 상호 긍정적인 관계 형성으로 이어질 수 있음을 말합니다. 물론 선의가 악의 혹은 다른 맥락의 반응으로 돌아올 경우 앞서 제공한 선의에 대한 재조정이 필요할 수 있습니다. 이런 관점에서 호혜성은 무조건적인 베풀기, 헌신이 아니라 조건부의 성격을 가지고 있다고 할 수 있습니다.

개인적으로 조직의 장長인 리더들에게 이 호혜성을 활용할 것을 강조합니다. 처음부터 리더가 통제를 하기보다는 구성원이 자율적으로 할 것이라 믿어주고 관찰한 후 구성원의 반응에 따라 개별적인 호혜성 수준을 정하는 방식이라 할 수 있습니다. 1분기에 자율을 주었을 때 반응과 원인을 확인하고 원온원을 통해 피드백하며 2분기에는 개인마다 개입 수준을 조절하는 방식으로 구체화될 수 있습니다.

조직에서 리더와 구성원의 관계에서 리더는 먼저 손을 내밀 수 있는 상대적으로 유리한 위치에 있습니다. 리더가 마주하고 있는 동료, 팀원들과 긍정적인 영향력에 기반한 관계 형성을 위하여 그 첫 걸음을 선의로 시작할 것을 리더분들께 제안합니다.

2. 일관성 consistency

일관성이란 리더가 상대방에게 무언가 과제를 지시할 때 그것이 상대방이 가지고 있는, 리더에 대한 기존의 레퍼런스와 어느 정도의 익숙함을 가질 수 있는 방식으로 하는 것을 말합니다. 일관성은 리더에 대한 구성원의 예측 가능성을 높이는 것으로 신뢰의 영역으로 연결됩니다.

3. 사회적 증명 social Proof

특정 상황에서 '누군가가 A라는 방식, 행동으로 해결을 하거나 혹은 조직으로부터 인정을 받았다면 그 방식, 행동은 적어도 해당 조직 내에서 허용되고 인정받을 수 있는 행동, 방식으로 다른 구성원들에게 인식될 수 있습니다. 앞서 소개했던 '누가 승진하고, 보상받고, 해고되는가?'라는 문장과 연결하여 생각해 볼 수 있습니다. 이는 다른 구성원들이 A라는 방식, 행동을 모방하게 하는 방향으로 영향력을 제공합니다.

4. 우호적인 느낌 likability

누군가에게 우호적인 느낌을 갖고 있다면 그 누군가가 제공하는 영향력은 우호적인 느낌을 가지고 있는 상대방에게 보다 수월하게 전달될 수 있습니다. 우호적인 느낌을 갖게 하는 요소는 다양한 형태로 나타납니다. 외형적 우호성(잘생김 같은), 자신과 유사하다고 느끼는 상태, 칭찬, 사회적 지위 등이 될 수 있습니다. 현실적으로 이러한 우호적인 느낌은 실체보다는 보이는 것, 즉 외형에 기반하고 있다는 생각을 합니다. 이러한 우호적인 느낌은 결과론으로 관련된 모두에게 부정적인 영향을 줄 가능성이 높습니다. 겉과 속이 다를 수 있음을 배제할 수 없기 때문입니다. 우호적인 느낌이 실체와 연결되면(겉과 속이 같다면) 긍정적인 결과로 이어지지만 우호적인 느낌이 실체 없음으로 이어지면(겉과 속이 다르면) 부정적인 결과로 이어질 수 있습니다.

5. 외형적 권위 authority

외형적 권위 역시 다양한 형태로 나타납니다. 외형적 권위를 나타내는 요소의 예로 호칭 title, 제복 clothes, 장식 trappings을 들 수 있습니

다. 기업 조직도상 리더, 대학 교수, 대통령 등의 호칭, 경찰이나 성
직자 등의 신분을 알려주는 제복, 명품 가방이나 옷, 장신구 등이 이
에 해당합니다.

6. 결핍 scarcity

영향력을 만드는 힘의 근원으로서 마지막 요인은 결핍입니다.
특정 조건을 충족하면 100만 원을 준다고 했을 때 우리가 조건을 채
우지 못해 100만 원이 아닌 50만 원만 받은 경우와, 일단 100만 원
을 받아 놓고 조건이 충족되지 않을 때 50만 원을 반납하는 경우를
비교할 때 전자보다 후자를 더 싫어한다고 이야기할 수 있습니다.
결핍은 사람들의 즉각적인 행동을 유발하는 영향력을 제공합니다.

이론적으로는 영향력의 기반으로서 요소들이 이해가 되지만, 현실에서 어떻게 적용할 수 있을까요?

우리 자신이 팀 리더라고 가정해 보죠. 하루는 팀원이 지각을 합니다. 이때 팀장들의 반응을 살펴볼까요?

팀장 1. 평가에 불이익을 준다.

팀장 2. 팀장에게 먼저 보고를 했으니 조용히 지나간다.

팀장 3. 평소 아끼는 후배이므로 조용히 지나간다.

팀장 4. 다른 팀에서 유사한 상황에 대해 덮고 갔을 때 인사팀 등에서 조치가 없었으므로 그냥 그럴 수 있는 일로 넘어간다

팀장 5. 팀 운영 기준을 확인하고 적용한다. 사전에 정한 기준이 없는 경우 지각이라는 현상에 대한 팀 운영 기준을 정하고 팀 내 공유한다.

팀장 6. 팀원이 솔직하게 이야기할 것이라 믿고 팀원과 대화를 한다. 이후 지각이라는 상황에서 팀원이 팀장의 선의를 악용하거나 혹은 거짓말을 한 것이 확인될 경우 그에 적정한 페널티를 제공한다.

혹자는 인사팀에서 제도로 이러한 상황들에 대해서 다 기준을 미리 정해 놓으면 되는 것 아니냐고 할 수 있습니다. 이러한 의견에

대해 인사 실무자로서 저는 이렇게 말합니다. 우선 인사팀은 신이 아닙니다. 최대한 고민하고 여러 상황들을 예상하여 제도와 기준을 설계하지만 완벽한 건 아닙니다. 인사도 사람이니까요. 설사 인사가 모든 상황을 미리 예측할 수 있다고 하더라도 그것이 바람직한가 하는 질문이 남습니다. 인사가 모든 상황을 제도로 정해 놓으면 그만큼 리더와 구성원의 자율은 제한됩니다. 리더가 나름의 판단으로 자율적인 리더십을 발휘하지 못하고 인사가 시키는 대로 하는 수동적 존재가 될 겁니다. 구성원의 반문에 리더들은 '인사팀에서 하래'라는 말만 반복하게 될 겁니다.

인사는 인사팀이 아니라 각 조직의 리더가 하는 것이라는 말을 되새겨 봅니다.

위 6개의 반응 중 호혜성과 일관성에 기반한 영향력으로서 리더십이 구체화된 모습으로 팀장 5와 팀장 6을 생각해 볼 수 있습니다.

Q | 088 이야기 중 '바람직한가?'라는 표현을 했습니다. '바람직하다'는 표현은 참 어렵다는 생각이 들어요.

말씀대로 '바람직하다'라는 표현은 가치 지향적입니다. 사람마다 혹은 시대마다 바람직한 모습이 다를 수 있음을 말합니다. 다만 오늘날 기업 환경과 인사 관점에서 바람직한 영향력으로서 리더십은 바람직한 힘에 기반하여 바람직한 방향성을 제시하여 구성원으로 하여금 스스로 생각하고 행동하게 만드는 것이라 말할 수 있습니다. 앞에서 우리는 영향력을 힘과 방향성의 함수로 이야기했다면, 영향력으로서 리더십은 다음과 같이 표현할 수 있습니다.

영향력 = f (힘, 방향성)
영향력으로서 리더십 = f (바람직한 힘, 바람직한 방향성)

이해를 돕기 위해 제 이야기를 하나 해보려 합니다.

한 구성원으로부터 직장 내 괴롭힘에 관한 신고를 받았습니다. 관련 법령에서는 직장 내 괴롭힘에 따른 신고를 접수하거나 직장 내 괴롭힘 발생 사실을 인지한 경우 지체 없이 당사자 등을 대상으로 그 사실 확인을 위하여 객관적인 조사를 실시해야 한다고 정하고 있죠. 또 이와 관련하여 공간 분리 등의 조치를 하여야 한다고 정하고 있습니다. 관련 조치를 진행하기 위해 저는 대표이사에게 신고 내용을 공유하고 이후 절차를 진행했습니다. 그리고 해당 사건은 큰 문제 없이 마무리되었죠.

문제는 엉뚱한 곳에서 발생했습니다. 대표이사가 저에게 왜 보고도 하지 않고 일을 진행했냐고 한 거죠. 저는 주간 업무 보고 시간에 말을 했고 매주 경과를 공유했다고 했죠. 그러자 대표이사는 다음과 같이 말했습니다.

"그건 공유지 보고가 아니잖아."

그리고 한발 더 나아가 관련 법에도 대표이사 보고 후 진행해야 한다고 명시되어 있다고도 했죠. 그 자리에서 저는 "저는 이렇게 알고 있는데 아니라고 하시니 확인해 보겠습니다"라고 말하고 자리로 돌아와서 관련 법령을 확인하고 대표이사에게 법을 정리해서 메일을 보냈습니다. 법대로 일은 해야 하고 제가 잘못한 것이 아니라는 건 명확하게 해야 하니까요.

위 사례에서 대표이사와 인사는 직장 내 괴롭힘이라는 동일한 상황을 마주하고 있습니다. 하지만 힘의 근원과 방향성에서 차이가 있죠. 대표이사는 외형적 권위에 근거하여 대표이사 자신을 중심으로 하는 방향성을 가지고 있습니다. 반면 인사는 어떨까요? 인사는 인사라는 일, 특히 직장 내 괴롭힘이라는 법적 문제에 관한 전문성을 기반으로 일을 올바르게 수행하는 방향성을 가지고 있죠.

바람직한 영향력으로서 리더, 리더십을 조금 정리해 보죠.

앞서 살펴본 리더십을 고려해서 저는 오늘날 리더들에게 코치coach가 되라는 이야기를 합니다. 단어에 대한 나름의 정의들이 있겠지만 저는 코칭coaching이라는 과정을 이렇게 정의합니다.

"코치와 코치이, 서로가 서로의 생각에 균열을 만드는 과정"

특정 분야에서 전문성을 기반으로 특정 이슈에 대한 해결책을 제시하는 역할을 우리는 컨설턴트consultant라고 말합니다. 그런데 코치는 전문성을 기반으로 하지만 해결책을 직접 제시하는 대신 대화의 상대방이 스스로 생각하여 답을 찾아갈 수 있도록 돕는 역할을 수행합니다. 상대방이 가지고 있던 생각에 균열을 만드는 거죠.

좋은 코치로서 리더의 자질/요건을 우리는 이미 잘 알고 있습니다. 비슷한 이야기들을 많이 들어보았을 것입니다. 그중에서 앞서 이야기한 내용을 고려하여 소개하고 싶은 내용은 구글의 '산소'라는 이름을 가진 프로젝트project oxygen입니다.

상당히 오래전 프로젝트인데, 당시 구글은 이런 질문을 마주했다고 하죠.

"어차피 개발은 개발자들이 다 하는   왜 필요한지 모르겠다."

그래서 검증을 했고 결과는 다음과 같았다고 합니다.

"구글과 같이 수평적인 문화/조직 형태를 추구하는 기업에도 리더/관리자는 필요하다."

그리고 한발 더 나아가 구글에 필요한 리더/관리자의 특성을 도출하죠. 다음은 그 8가지 리더의 자질입니다.

1. 좋은 코치인가.
2. 마이크로매니징을 하지 않고 권한 위임 등을 적절히 하는가.
3. 구성원의 성공과 성장에 관심을 가지고 있는가.
4. 성과 지향적인가.
5. 소통을 잘하는가.
6. 구성원의 경력 개발을 돕고 있는가.
7. 팀에 대한 비전과 전략을 가지고 있는가.
8. 분야 전문성을 가지고 있는가.

이 8가지 요건을 저는 이렇게 해석합니다.

좋은 리더는 코치다.(1번)
좋은 리더로서 코치는 7가지 자질을 가지고 있다.(2번~8번)

Q │090

우리가 리더십을 이야기하는 건 제도가
잘 운영되려면 리더십이 중요하기 때문인 거잖아요?
우리가 살펴보았던 PARS라는 절차를 활용하면 리더들이
바람직한 영향력으로서 리더십을 발휘할 수 있을까요?

앞서 우리는 제도가 강제성에 기반한 영향력을 가진다고 이야기 했습니다. 강제성을 가진다는 건 기업 내 구성원 중 리더들에게도 동일하게 적용되죠. 다만 차이점이 있다면 리더와 구성원에게 기대하는 역할 차이가 있을 수 있습니다. 오카시오[Ocasio]라는 학자는 제도를 역할과 상호 작용의 체계로 정의하죠.(Ocasio, 2023)

인사는 인사 제도를 통해 리더와 구성원이 수행해야 할 혹은 그들에게 기대하는 역할과 상호 작용 체계를 정하여 그들이 제도가 정한 범주 내에서 말하고 행동함으로써 기대 역할을 수행할 수 있도록 도움을 제공합니다.

PARS를 활용하여 리더십이 제도를 통해 발현되는 모습을 살펴보죠.

1. 마이크로매니징을 하지 않고 권한 위임을 적절히 하는가?

리더에게 팀원 관리는 가장 기본적인 역할입니다. 여기에서 많

은 리더들이 범하는 오류가 있습니다. 관리의 기준을 리더 자신에 두고 행동한다는 점입니다. 이 경우 관리의 구체적인 방식은 리더의 특성에 좌우됩니다. 만일 리더가 일을 직접 해야만 하는 성격이라거나, 리더로서 권위를 과시하는 성향을 가지고 있다면 이는 구성원에게는 마이크로매니징micro-managing의 형태로 구체화될 수 있습니다.

'관리'라는 단어는 '관리의 주체'가 아닌 '관리의 대상'을 기준으로 생각해야 하는 단어입니다. 마트에 가서 장을 봅니다. 다양한 상품들이 있고, 우리는 집에 도착해 사온 물품들을 정리합니다. 과일은 냉장실 과일 칸에, 저녁에 바로 사용할 고기는 냉장실에, 보관할 고기는 냉동실에 넣어놓죠. 진공 포장된 건어물은 선반에 올려둡니다. 관리 대상의 성격에 따라 보관 방식이 달라집니다. 이러한 속성을 고려하여 우리는 '관리'를 다음과 같이 정의할 수 있습니다.

> "관리란, 관리 대상의 특성을 알고 관리 대상이 관리 목적에 부합한 상태를 유지할 수 있도록 하는 일련의 활동이다."

마이크로매니징은 리더가 관리의 기준을 관리의 대상이 아닌 리더 자신에 두는 경우 발생하는 현상 중 하나입니다. 리더가 똑부(똑똑하고 부지런한 성향)라면 숨은 막힐 수 있어도 그래도 일은 잘 마무리될 수 있지만 리더가 멍부(멍청하고 부지런한 성향)라면 지나친 간섭이 계속되면서 동시에 일도 산으로 가게 될 겁니다.

PARS는 산출물을 기준으로 리더와 구성원이 대화를 하고 그 대화의 내용을 구조화된 문서로 작성하도록 합니다. 그 문서화된 데이터 항목 중 하나로 우리는 '전문성 수준'을 앞서 살펴보았습니다. 리더는 구성원 개개인의 전문성 수준을 산출물을 기준으로 반복적으로 진단/확인함으로써 구성원의 현재 위치를 이해하고 구성원의 현재 위치에 적합한 수준의 개입 정도를 조절할 수 있습니다. 여기에서 리더는 관리의 주체가 되고 산출물은 관리의 목적이 되며 구성원은 관리의 대상이 됩니다. 전문성 수준이라는 데이터는 관리 도구가 될 겁니다.

PARS를 통해 관리의 주체로서 리더는 산출물이라는 목적에 부합하는 전문성 수준이라는 도구를 활용하여 관리 대상으로서 구성원을 관리할 수 있도록 도와줍니다.

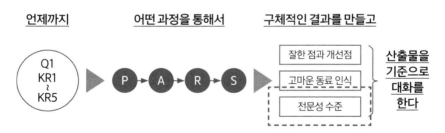

제도와 리더십, 마이크로매니징을 하지 않고 권한 위임을 적절히 하는가

2. 구성원의 성공과 성장, 경력 개발에 관심을 가지고 있는가?

성과 관리는 성과 개선을 목적으로 합니다. 성과 개선은 풀어보면 '어제보다 나은 오늘, 오늘보다 나은 내일'을 지향하는 것으로 설명할 수 있죠. 성과가 개선되려면 성과를 만드는 사람도 성장해야 합니다. PARS 방법론은 잘한 점과 개선점 데이터를 관리함으로써 리더가 데이터를 기반으로 구성원이 더 나은 성과를 만드는 사람으로 성장할 수 있도록 지원할 수 있게 도움을 제공합니다.

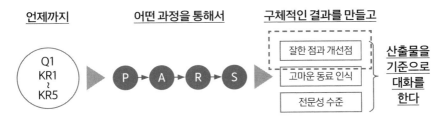

제도와 리더십, 구성원의 성공과 성장, 경력 개발에 관심을 가지고 있는가

3. 성과 지향적인가?

경영 활동은 기본적으로 기업이 스스로 가치를 만들어낼 수 있도록 하는 일련의 활동입니다. 기업 안에 존재하는 다양한 직무들은 기본적으로 기업이 지향하는 가치를 함께 바라보고 추구합니다.

리더도 마찬가지죠. 조직의 장으로서 리더는 기본적으로 해당 조직의 성과에 대한 책임을 가집니다.

PARS는 리더가 산출물을 기준으로 대화를 할 것을 제안하여 리더와 구성원이 구체적인 성과로서 산출물을 중심으로 대화할 수 있는 환경을 제공합니다.

제도와 리더십, 성과 지향적인가

4. 소통을 잘 하는가?

인사 담당자로서 일을 하다 보면 종종 구성원과의 소통에 관하여 리더들의 하소연을 만나곤 합니다. 업무적으로만 대하면 정 없다고 뭐라 하는데 그렇다고 사적인 이야기를 하면 그런 건 왜 물어보냐거나 사적인 거라고 핀잔을 듣는다고 말이죠.

소통을 잘하기 위해서는 소통하는 주체 간에 일정 수준의 신뢰가 있어야 합니다. 신뢰를 만들기 위해서는 순서가 필요하며 그 순서로 저는 공적인 영역에서의 신뢰를 강조합니다. 일에 관한 대화를 통해 서로 신뢰가 형성되면 좀 더 편한 이야기들을 할 수 있다는 것을 말합니다.

PARS 방법론은 그 공적인 영역에서 만들어가는 대화의 구조를 지원합니다. 그 기준은 산출물이 되며, 그 내용은 잘한 점과 개선점, 고마운 동료, 전문성 수준입니다. 인사는 산출물을 기준으로 하는 대화를 유도하는 도구로 양식을 만들어 제공합니다.

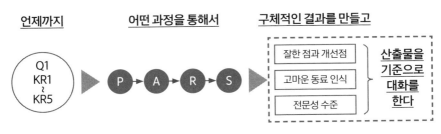

제도와 리더십, 소통을 잘하는가

5. 담당하고 있는 직무/분야에서 전문성을 가지고 있는가?

PARS 방법론에서 리더는 구성원의 일 분야에서의 전문성 수준을 진단하는 역할을 수행합니다. 구성원의 전문성 수준을 진단하기 위해서 리더는 해당 분야에서 전문성을 가지고 있어야 하는 건 어쩌면 너무도 당연한 일일 겁니다.

개인적으로 만난 인사팀장이 있었습니다. 인사팀장으로 부임하자마자 그는 저를 포함한 팀원들에게 자신이 계열사에서 인사팀장

을 2년이나 해봤다며 인사 업무를 잘 알고 있다고 이야기했죠. 새로
온 인사팀장이니 각 담당자별로 업무 보고를 진행했습니다. 파견
직원 현황을 보고하자 인사팀장은 저에게 물어보았죠.

"파견직이 뭔가요?"

순간의 정적이 지나고 저는 파견직의 법적 개념을 도급, 직접 고
용과 비교하여 설명했습니다. 그와 동시에 리더의 업무적 판단에
대한 신뢰의 자리에는 의구심이 자리잡기 시작했죠.

리더의 전문성이란 무엇일까요?
리더가 전문성을 가지고 있어야 한다는 말에는
공감하지만 어떤 리더가 전문성을 갖추고 있다고 말할 수
있는지, 나아가 현재는 리더가 아니지만 앞으로 리더가 될
잠재적인 리더들이 바람직한 리더가 되기 위해 어떤
점들을 주의 깊게 보아야 할지가 궁금합니다.

저는 오늘날 리더들에게 전문성을 갖출 것을 강조합니다. 여기
에서 전문성이란 단순히 해당 분야에서 얼마나 오래 일을 했는가
로 판단할 수 있는 성질의 것은 아닙니다. 똑같은 10년이라도 누군
가는 전문성이 있다고 말할 수 있지만 다른 누군가는 전문성이 있
다고 말하기 어려울 수 있습니다. 전문성이 있는지 여부를 판단하
는 것은 어렵습니다. 그건 사람의 내재적 특성에 가깝습니다. 다만
개인적으로 생각하는 몇 가지 특성을 이야기해 보면 다음과 같습
니다.

전문성을 가진 리더는 학습하는 리더입니다.

여기에서 학습은 책을 보고 교육 기관을 다니는 것만을 가리키
는 것은 아닙니다. 그보다 중요한 건 경험을 대하는 리더의 태도입

니다. 이는 리더가 자신의 경험으로부터 배우는 리더인가 여부를 말합니다. 오늘날 대부분의 리더들은 상대적인 차이는 있겠지만 경험을 가지고 있습니다. 어떤 리더는 그 경험을 정답으로 받아들이고 과거의 경험을 기준으로 현재 구성원들을 판단합니다. 현장에서 우리가 '답정너'로 생각하는 리더가 있다면, 혹은 '나 때는 말이야'라는 표현을 자주 사용하는 리더가 있다면 그는 경험을 정답으로 받아들인 리더일 수 있습니다.

경험을 정답으로 받아들인 리더는 과거의 경험을 기준으로 현재를 판단합니다. 이러한 리더가 관리하는 조직의 구성원들은 수동적인 모습이 될 가능성이 높죠. 이 경우 구성원들은 다음과 같은 이야기를 하고 있을 겁니다.

> "저는 당연히 침묵에 가깝죠. 제가 뭐 이야기한들 달라지지 않을 게 뻔하고, 왜냐면 제가 지금까지 ○○○님에게도 말씀드렸고, △△△님께도 말씀드렸고 ◇◇◇님께도 말씀드렸음에도 불구하고 달라진 게 없기 때문에 뭔들 이야기한다고 바뀔까? 이런 생각도 있죠. 이런데 갑자기 오셔서 '잡담하자'고 하시면 '왜 갑자기 이야기하자고 하지?' '갑자기 왠 잡담?' 하는 생각을 하게 되다 보니까 더 말을 안 하게 되죠. 왜 이건 이래서 안 되는지에 대한 이야기를 해주지 않고 돌려서만 이야기를 해주셨어요."

> "저는 이야기하는 게 그리 어렵지 않아요. 다만 입사 초기와 비교

해 보면 좀 더 자유롭게 말할 수 있는 분위기는 줄어들었죠. 그건 확실해요. 저는 성향상 해야 할 말을 하는 편이지만 전반적인 분위기가 자유로움에서 조금 후퇴한 느낌이라 초기보다는 말을 하는 게 조금은 어려워졌죠."

경험을 정답으로 받아들이는 리더의 반대 편에는 경험을 다른 경험의 재료로 활용하는 리더가 있습니다. 이들은 자신의 경험을 통해 배우는 사람들입니다. 경험이 주는 강점을 취하면서 동시에 그 경험이 가지고 있는 한계를 알고 있죠. 과거와 동일한 방식으로 일하기보다는 과거의 경험에서 잘한 점과 개선점을 인식하고 잘한 점은 더 잘할 수 있도록, 개선점은 개선할 수 있는 방법을 고민합니다. 이는 앞서 우리가 살펴본 성과 개선이라는 성과 관리 방식, 그리고 그 구체적인 방법론으로서 PARS 방법론과 기본 맥락을 같이 합니다. 이들은 사람이라는 존재가 혼자서 완벽할 수 없음을 알고 있습니다. 그래서 이들은 자신과 다른, 자신의 부족함을 보완해줄 수 있는 사람들을 선호합니다. 그 다름을 통해 자신의 전문성을 성장시킬 수 있음을 알기 때문입니다. 그래서 이들은 꾸준히 학습하는 리더들이기도 합니다. 책, 학교뿐 아니라 구성원들을 통해서도 말이죠.

전문성을 가진 리더는 소통하는 리더입니다.

여기에서 전문성을 가진 리더의 두 번째 특성이 등장합니다. 소통을 잘한다는 특성입니다. 전문성을 가진 리더는 소통을 잘합니다. 이유는 단순합니다. 구성원의 다름을 통해 자신을 성장시키기위해 리더가 구성원의 이야기를 잘 듣기 때문입니다. 여기에서 '잘 듣는다'는 단어의 의미가 중요합니다. 과거 한때 리더의 역량으로 '경청傾聽'이라는 단어가 유행한 적이 있습니다. 경청하는 리더의 특성으로 상대방과 아이 컨택eye contact을 해야 하고 상대방이 말하는 중간 중간에 추임새를 넣어주고, 대화를 시작할 때 리더가 먼저 말하기보다는 상대방이 먼저 말할 수 있게 한다는 등의 가이드들이 등장했습니다. 하지만 아이 컨택, 추임새, 발언 순서 등을 지킨다고 해서 소통을 잘한다고 말할 수 없음을 우리는 경험적으로 알고 있죠.

전문성을 가진 리더는 솔직한 리더입니다.

소통을 잘하는 리더는 솔직하게 이야기하는 리더입니다. 솔직하다는 것은 자신의 취약성을 솔직하게 드러낼 수 있음을 포함합니다. 리더가 자신의 취약점을 드러낼 수 있다는 것은 그 리더가 자신의 취약점을 스스로 인정할 만큼 자신의 강점에 대해 충분히 자신이 있음을 의미합니다. 여기에서 '강점'을 저는 전문성으로 이야기합니다. 아담 그랜트Adam Grant는 그의 TED 강연에서 이를 '자신 있는 겸손함Confident Humility'이라 말합니다. 그는 영상에서 말했습니다.

> 자신 있는 겸손은 스스로의 약점을 인정할 만큼 자신의 강점에 대해 충분히 자신이 있음을 보여줍니다. 자신을 증명하는 최고의 방법은 스스로 고쳐나가는 것입니다. 약한 리더들은 비난을 잠재우고 자신들을 더 약하게 만드는 반면 강한 리더들은 비난을 받아들이며 스스로 더욱 강해지죠.
> 자신 있는 겸손은 "모르겠어"라고 말할 용기를 줍니다. 모든 답을 아는 척하는 대신에 말이죠.
> 자신이 맞다고 고집하는 대신 "내가 틀렸네"라고 말하는 것이죠. 이것은 더 생각하도록 만드는 의견에 귀 기울이도록 만들어 줍니다. 그저 듣기 좋은 의견만 듣는 게 아니고요. 여러분의 결론에 이의를 제기하는 사람들을 곁에 두게 해줍니다. 단순히 맞장구치는 사람들이 아니구요. 때로는 여러분 자신의 결론에 의구심을 품게 만들기도 합니다. 서서히 끓는 물에서 죽어가는 개구리가 되지 않도록 말이죠.[10]

'자신 있는 겸손함', 리더가 갖추어야 할 전문성의 또 다른 이름입니다.

전문성을 가진 리더는 원칙을 가지고 있는 리더입니다.

전문성을 가진 리더가 가지는 마지막 특성은 '원칙'입니다. '자신 있는 겸손함'을 겸비한 전문성을 가진 리더는 나름의 일에 대한 원칙을 정하고 구성원에게 제시할 수 있는 리더입니다. 여기에서 원칙은 특정 업무를 수행하는 방법론이 아닌 다소 일반론적인 행동 규범에 가깝습니다. 다음의 대화를 살펴보죠.

"출근 시간에 늦어 죄송합니다."

"무슨 일 있었어요?"

"평소대로 집을 나오긴 했는데 지하철 파업으로 연착이 돼서요."

"음, 근태 관리에서 개인적으로 가지고 있는 기준이 있어요.
나름 출근 시간 전에 사무실에 도착하기 위한 조치를 했음에도 ○○님의 귀책이 아닌 사유로 지각이 발생한 거라면 그건 어쩔 수 없다고 생각합니다.
대신 그런 불가피한 상황이 발생하면 메신저로 먼저 알려 주세요.
앞으로는 이 기준대로 하기로 하죠."

팀원이 지각을 했습니다. 이 상황에서 리더는 다양한 선택지를 마주합니다. 예를 들어 평소 일도 잘하고 개인적으로 좋게 보는 구성원이므로 모른 척하고 넘어갈 수도 있고, 리더 자신이 쿨한 사람처럼 보이기 위해 '괜찮아, 그럴 수 있지'라고 말하며 넘어갈 수도 있을 겁니다. 혹은 지각이라는 사실 관계를 분명히 하고 주의를 줄 수도 있고, 취업 규칙 등 규정상 페널티를 고지할 수도 있을 겁니다. 그런데 위의 대화는 조금 다른 모습을 보여주고 있습니다. 리더는 지각한 구성원에게 '기준'을 제시합니다. 대화를 조금 더 분석해 보겠습니다.

지각이라는 문제 상황이 발생합니다.

"출근 시간에 늦어 죄송합니다."

"무슨 일 있었어요?"

"평소대로 집을 나오긴 했는데 지하철 파업으로 연착이 돼서요."

어떤 리더는 "잘못했지, 지각하지 마"라고 즉시 판단을 하기도 하지만 위 대화에서 리더는 판단을 하기 전에 판단의 기준을 제시합니다.

"음, 근태 관리에서 개인적으로 가지고 있는 기준이 있어요. 나름 출근 시간 전에 사무실에 도착하기 위한 조치를 했음에도 ○○님의 귀책이 아닌 사유로 지각이 발생한 거라면 그건 어쩔 수 없다고 생각합니다."

그리고 그 판단의 기준은 구성원 입장에 대한 '선의'를 담고 있습니다. 이를 우리는 '호혜성'이라고 이야기했었죠. 그런데 여기에서 호혜성은 단순히 무조건적인 선의를 제공하는 것을 의미하지 않습니다. 다른 누군가의 관점에서도 합리적이고 그럴 수 있다는 인정 내지 동의를 받을 수 있는 기준이어야 하죠. 그래서 저는 이를 '합리적 호혜성'이라 말하기도 합니다.

이후 리더는 이렇게 말합니다.

"앞으로는 이 기준대로 하기로 하죠."

이번 상황을 포함해 이후 동일한 문제 상황에 대하여 동일한 기준을 적용함을 말합니다. 이를 우리는 일관성이라 말합니다.

이렇게 팀원의 지각이라는 현재 상황이 마무리됩니다. 그런데 이후 팀원이 지각하는 일이 다시 발생합니다. 출근 중인 팀 리더에게 메신저 알람이 울립니다.

"팀장님 저 오전 반반차 좀 사용하겠습니다."

팀 리더는 알겠다고 말하고 출근을 했고, 반반차 시간 이후 출근한 팀원에게 물어봅니다.

"아침에 무슨 일 있었어요?"

팀원은 자신이 늦잠을 잤다며, 도저히 출근 시간을 맞추기 어려울 거 같아 급히 메시지를 했다고 말합니다. 이 상황에서 어떤 리더들은 시간은 지켜야 한다거나 컨디션 조절도 개인의 역량이라는 핀잔을 주기도 합니다. 위 이야기에서 리더는 어땠을까요? 다음은 위

이야기 속 리더의 말입니다.

"저도 고맙습니다."

당일 아침에 갑작스럽게 휴가를 내고 늦게 출근한 팀원에게 고맙다는 말이 이상하다고 하실 수도 있겠죠. 이 말을 들은 팀원도 그랬습니다.

"네?"

라고 놀라며 반문을 하죠. 이에 팀 리더는 이렇게 부연합니다.

"우리가 팀에서 지키기로 한 기준을 지켜주신 것 말이죠."

앞선 지각이라는 상황에서 리더는 동일한 상황에 대한 판단 기준을 제시했습니다. 지각이라는 문제 상황이 발생하게 된 원인, 즉 귀책 사유를 기준으로 판단한다는 기준입니다. 팀원은 이를 인지하고 현재 상황이 자신의 귀책이라 판단하고 자신이 할 수 있는 일을 함으로써 팀이 정한 기준을 지켰습니다. 그 행위에 대해 리더는 '고마움'이라는 인정을 했고 이는 해당 기준이 팀 내에서 공고해지는 방향으로 작동하게 됩니다. 이를 우리는 리더의 영향력을 만드는 힘의 기반으로서 사회적 인정이라 말했습니다.

정리해 보면 바람직한 리더가 보여주는 특성으로,

1. 꾸준히 학습하는, 배우는 리더

2. 솔직하게 소통하는, 자신 있는 겸손함을 보여주는 리더

3. 일, 사람에 대한 원칙을 가지고 제시하고 지킬 수 있는 리더

로 정리할 수 있습니다.

그런데 리더들이 모든 상황에 대한 기준들을
다 가지고 있고 제시할 수 있다면 좋겠지만 현실적으로
어렵지 않을까요? 특히 리더를 처음 만난 분들이라면
더 그럴 수도 있고요.

질문을 받고 어느 드라마의 한 장면이 생각나네요. 백화점 매장
에 리더와 구성원들이 있습니다. 그리 좋은 리더는 아니었죠. 우여
곡절 끝에 리더가 물러나고 기존 구성원 중 한 명이 리더가 됩니다.
그는 리더가 되자마자 기존에 해왔던, 자신이 구성원으로서 불합리
하다고 생각해 온 관습을 바꿉니다. 불합리하지만 리더에게는 편하
고 유리했던 관습들이죠.

태어날 때부터 리더인 사람은 없습니다. 누구나 처음이라는 순
간을 경험하죠. 리더가 되기 전 구성원으로서 리더를 보면서 합리
적이고 불합리함에 대한 생각들을 가지고 있을 겁니다. 그 생각들
은 리더에 대한 호감과 비호감으로 나타나죠. 그 합리성과 불합리
함을 우리는 리더로서 우리들의 원칙으로 삼을 수 있습니다. 위에
서 말한 드라마의 대사를 살펴볼까요.

"그럼, 팀장 된 기념으로 한마디만 할게."

"오늘부터 자기 식판은 자기가 하자. 괜찮지?"

"그리고 막내가 매일 간식 준비하는 것도 오늘까지만 하자."

"식판까지는 그렇다 쳐도 이건 아니지 않아요? 우리 매장 전통인데."

"솔직히 그게 대대로 물려받을 만큼 좋은 전통이야?"

— 드라마 〈킹더랜드〉 중에서

구성원 입장에서 불합리하다고 느끼는 상황들은 많은 경우 리더가 자신의 편의를 챙기는 경우에 발생합니다. 달리 말하면 팀원이 리더가 되는 순간 관습을 유지하는 게 리더 개인에게는 더 편함을 말합니다. 이런 때 종종 우리는 원칙이 흔들리는 상황을 만납니다. 우리는 말하죠.

"팀장 되더니 사람이 변했어."

우리는 무엇이 바람직한지에 대해서는 이미 잘 알고 있습니다. 다만 아는 것과 아는 것을 말과 행동으로 표현하는 것 그 사이에는 또 다른 무언가가 있다는 것이죠.

리더십이라는 것이 쉬워 보이면서도
참 어렵습니다.

드라마 이야기를 했으니 리더십이 얼마나 중요한가를 보여주는 드라마 장면을 하나 더 이야기해 볼까요.

"(환자 차트를 보여주며) 이것 좀 보세요."

"이 환자분 잘하면 성공할 수도 있겠는데요."

"음, 이분은 조금 힘들겠다."

"뭐 이상한 거 없어요?"

"있어요. 차트를 이렇게 쓰면 어떡해요. 다른 산모를 한 차트에 쓰면 어떡해요."

"같은 산모예요."

"같은 날, 같은 산모예요."

"차팅한 사람도 같은 사람, 저요."

"산모도 같고 날짜도 같고 전공의도 같고 교수님만 바뀌었는데 차팅이 몇 시간 만에 완전히 바뀌었어요."

— 드라마 〈슬기로운 의사생활 1〉 중에서

극 중 두 명의 교수가 등장합니다. 모두 산부인과 의사죠. 해당 분야에 대한 지식과 경험을 가지고 있고 공적인 인정을 받은 자리에 있습니다. 두 의사(교수)는 동일한 임산부를 만납니다. 교수 A와 B 모두 현재 임산부가 어려운 상황에 처해 있다고 말하죠. 현재 상태에 대한 인식은 동일합니다. 그런데 두 사람의 결론은 정반대로 나타납니다. 교수 A는 현재 상태로는 할 수 있는 게 없다고 말합니다. 반면 교수 B는 현재 상태는 어렵지만 가능성이 아예 없는 건 아니니 진행해 보자고 말하죠. 그렇게 위의 대사가 등장합니다.

> "산모도 같고 날짜도 같고 전공의도 같고 교수님만 바뀌었는데 차팅이 몇 시간 만에 완전히 바뀌었어요."

동일한 상황이라도 리더에 따라 다른 결과로 이어질 수 있습니다. 이것이 리더의 영향력입니다. 그래서 리더십이 중요하죠. 그런데 생각해 보면 리더십이 쉬웠다면 우리는 리더십에 대해 지금처럼 많은 이야기들을 하고 있지 않았을 겁니다. 쉬우니까 누구나 쉽게 할 수 있으니까요. 누구를 리더로 선발할 것인지를 고민하지도 않았겠죠. 누구나 쉽게 할 수 있으니까요.

그래도 리더십이 쉬웠으면 하는 바램,
아쉬움이 있어요.

중학생 때 읽었던 동화책이 있어요. '찌꾸'라는 아기 참새의 도전(?)을 다루는 동화책이죠. 찌꾸가 하는 도전 중 하나로 기류氣流를 타려고 시도하는 이야기가 나옵니다. 동화 속에서 찌꾸는 기류를 타려고 시도를 반복하지만 계속 실패합니다. 그러다 기류에 부딪혀 잠시 정신을 잃었다가 깨어나죠. 그리고 알게 됩니다. 자신이 기류를 타고 있다는 것을 말이죠.

저는 리더십이 무엇인가를 머리로 알려고 하지 말고, 대신 흐름을 느끼라는 말을 합니다. 찌꾸가 기류를 타려고 의식적으로 노력을 반복해도 매번 실패했지만, 그 흐름에 몸을 맡긴 순간 기류를 타고 있듯이 말이죠. 흐름을 이해하고 흐름에 몸을 맡기면 리더십이 생각보다 쉬워질 수도 있으리라 생각합니다.

흐름에 대해 설명이 좀 필요할 듯합니다.

저는 2004년 12월에 첫 출근을 했습니다. 당시는 토요일 오전까지가 근무일이었죠. 우리는 이를 주 44h제도라고 말합니다. 몇 년이 지나 주 40h제도가 시행되었고 지금 우리가 경험하고 있죠. 그리고 지금은 연장 휴일 등을 포함해 총 근로 시간 한도를 주 52h으로 하지만 몇 년 전까지는 주 68h을 적용했었습니다. 최근에는 개별 기업 단위로 주 40h보다 더 적은 근로 시간을 운영하는 기업들이 등장하고 있기도 합니다. 주 44h에서 주 40h으로, 주 68h에서 주 52h으로, 그리고 개별 기업들의 근로 시간 단축 움직임 등을 통해 우리는 '근로 시간이 짧아지고 있다'는 흐름을 이야기해 볼 수 있습니다. 이러한 방식으로 제가 인사를 하면서 느껴왔던 흐름을 크게 다음 두 가지로 이야기해 보려 합니다.

1. 개별화
2. 연결성

개별화부터 이야기를 해보죠.

러시아 전통 인형 중에 마트료시카Matryoshka라는 인형이 있습니다. 마트료시카 인형이 가지고 있는 중요한 특성으로 인형 속에 작은 인형이 계속 들어 있다는 점을 이야기할 수 있습니다. 기존의 인사는 마트료시카 인형의 가장 바깥에 있는 큰 인형만 보고 있었습니다. 큰 인형의 중간에 금 같은 게 있었지만 신경 쓰지 않았죠. 그러다 어느 날 우연히 큰 인형을 열어 보게 됩니다. 그리고 그 안에 또 다른 인형이 있음을 알게 됩니다. 다시 조금 작은 인형을 열자 그 안에 또 인형이 있습니다. 이제 우리는 고민을 합니다. 이 여러 개의 인형들이 어떤 관계를 가지고 있는지, 가장 큰 인형만 보고 다른 인형들은 무시해도 되는지를 말이죠. 그리고 이내 알게 됩니다. 인형 안에 인형이 없다면 그건 마트료시카가 아니라는 걸 말이죠. 여기에서 우리는 갈등을 합니다. 바람직한 흐름은 개별화라는 것을, 즉 마트료시카 안의 인형들을 알아가는 것임을 이해하지만 그러면 복잡하고 어려워지죠. 마트료시카의 가장 큰 인형만 보고 관리하는 관점에서 그 안의 인형들에 관심을 가지는 방향의 흐름을 저는 개별화라 말합니다.

개별화라는 흐름은 다양성이라는 현상으로 나타납니다. 많은 사람들이 오늘날 다양성이 중요하다고 말하지만 일부 리더들에게 다양성은 가치 있는 것보다는 어렵고 힘든 것으로 다가오기도 합니다. 다양성은 리더로 하여금 리더가 알지 못하고 경험하지 못한 것들과 마주할 것을 요구합니다. 이는 리더가 자신의 취약점을 노출하게 되는 상황으로 연결됩니다. 자신 있는 겸손함을 가진 학습하는 리더에게 이러한 상황은 큰 이슈가 아닙니다. 오히려 성장의 기회가 되기도 하죠. 하지만 학습하지 않는 리더에게 이러한 상황은 큰 위협이 됩니다.

다양성이 확대되면서 더욱 중요해진 흐름은 연결성입니다.

여기 직소 퍼즐이 있습니다. 가장 적은 피스를 가진 퍼즐을 맞추는 건 상대적으로 쉽습니다. 퍼즐을 보는 순간 우리는 어느 피스가 퍼즐판의 어디에 적합한지 판단할 수 있습니다. 반대로 가장 많은 피스를 가진 퍼즐을 맞추는 건 어렵습니다. 특히 퍼즐 피스가 말 그대로 펼쳐진 상태에서는 더욱 그렇죠. 시간이 지나 퍼즐의 구조를 이해하면서 우리가 퍼즐을 맞추는 속도는 빨라지기 시작합니다. 퍼즐의 구조, 즉 퍼즐 조각들의 연결 관계가 파악되기 시작했으니까요.

개별화·다양성과 연결성의 흐름을 이해하는 리더는 스스로 학습하고 스스로 자신을 변화시킵니다. 이들은 팀원들에게 업무 지시를 하면서 "이거 이렇게 해"라고 말하는 대신 "나는 이렇게 했었는데 내가 했던 방식으로 해도 되지만 다른 방식으로 결과를 만들어 내는 것이 best야"라고 말하고 팀원이 리더의 경험과 다르게 일을 할 때 '그렇게 하면 안 돼'라고 말하기 전에 팀원이 다르게 일을 한 이유를 먼저 물어보고 그 다음의 말과 행동을 합니다.

좋은 이야기이지만 현실은 조금, 생각보다 많이 다른 거 같아요

직무 행동을 설명하는 기법 중 하나로 PIC/NIC라는 기법이 있습니다. 문제 행동을 분석하게 되는 대부분의 경우 문제 행동을 함으로써 나타나는 결과들이 PIC 및 NFU인 경우가 많고 바람직한 행동의 경우 그 결과가 NIC 및 PFU인 경우가 많다는 이야기입니다. 참고로 P는 긍정적인Positive, I는 즉각적인Immediate, C는 확실한Certain, N은 부정적인Negative, F는 먼 미래의Future, U는 불확실한Uncertain을 의미합니다.[11]

우리는 앞서 학습하는 리더를 바람직한 모습으로, 학습하지 않는 리더를 바람직하지 않은 리더의 모습으로 이야기했지만 현실에서 우리는 전자보다 후자의 모습을 보이는 리더들을 좀 더 자주 만나기도 합니다. 여러 원인이 있겠지만 PIC/NIC의 관점에서 보면 다음 쪽의 표와 같이 설명할 수 있습니다.

리더에게 새로운 걸 배우는 행동은 리더가 실수할 가능성을 높이고, 리더의 취약점을 드러내는 일이며, 때로는 그 취약점을 공격당할 수도 있는 상황들로 이어질 수 있습니다. 이들은 즉각적이고 확실한 부정적인 결과들입니다. 반면 리더는 새로운 것을 배움으로써 경력 개발을 할 수 있습니다. 이는 긍정적이지만 먼 미래에 발생

행동	결과	P/N	I/F	C/U
리더, 새로운 걸 배우는 행동	실수가 많아진다	N	I	C
	부족함이 노출된다	N	I	C
	리더가 그것도 못 하냐는 소리를 듣는다	N	I	C
	경력 개발을 할 수 있다	P	F	U
리더, 기존을 고집하는 행동	실수가 적다	P	I	C
	일이 빨리 끝난다	P	I	C
	심리적으로 편하다	P	I	C
	아는 척할 수 있다	P	I	C

가능한 불확실한 결과입니다.

새로운 것을 배우는 대신 기존의 경험을 고집하면 어떨까요? 리더는 이미 자신이 경험하고 알고 있는 방식으로 일을 하므로 실수할 가능성이 높지 않을 겁니다. 익숙한 방식으로 일을 빨리 끝낼 수 있고, 이미 해본 경험이 있으므로 심리적으로 편하죠. 또 "해봤어? 난 해봤어!"처럼 아는 척을 할 수도 있을 겁니다. 이들은 모두 즉각적이고 확실한 긍정적인 결과로 이어지죠.

현실에서 우리는 배우는 리더보다 기존의 것을 고집하는 리더를 더 자주 만날 가능성이 높을 거라 짐작해볼 수 있습니다. 개인적인 경험도 이를 뒷받침하고요.

Q 097

조금 속상하기도 한데, 앞서 우리는 문제라는 단어를 '현재 상태와 바람직한 상태 사이의 갭'으로 이야기를 했었거든요. 리더의 현재 상태와 바람직한 상태 사이의 갭을 줄이기 위해 무엇을 해볼 수 있을까요?

사실 우리는 이미 여러 시도들을 하고 있습니다. 리더십 가이드를 만들고, 계층별 교육을 하고, 면접관 교육도 하고, 리더십 역량 등을 도출하여 리더십 평가를 하기도 합니다. 일부 기업들은 리더를 별도의 절차를 거쳐 '선발'의 개념을 적용하기도 합니다. 이러한 일련의 개별 활동들은 단 하나의 목적을 가지고 있습니다. 이를 우리는 '리더의 역할과 상호 작용을 규정하는 것'이라 말합니다.

앞서 소개해 드린 오카시오의 말을 돌아보죠.

> "제도란 우리 기업에서 당연한 것으로 받아들여지는 역할과 상호 작용의 체계이다."(Ocasio, 2023)

인사는 인사 제도를 통해 리더의 역할과 상호 작용 방식을 제안합니다. 이를 통해 인사는 리더들이 기존의 것에서 벗어나 새로운 경험으로 나아갈 수 있게 도와줄 수 있죠.

레빈Kurt Lewin이라는 학자의 이야기를 살펴보죠. 시대는 제2차 세계대전입니다. 레빈은 미국 군대에서 특별한 프로젝트를 수행합니다. 병사들의 식습관을 변화시키는 프로젝트입니다. 군인들에게 단백질 공급은 중요한 이슈였는데 음식 공급에 한계가 있었죠. 해결책이 없는 건 아니었습니다. 동물의 창자, 간, 허파 등의 장기를 활용하는 것이죠. 문제는 병사들의 인식이었습니다. 이들은 이전에 잘 먹지 않거나 혐오했던 부위라는 거죠. 홍보를 하고 요리법도 개발하고 전문가의 권위에 기대어 보기도 했지만 병사들의 인식을 바꾸는 데는 역부족이었습니다. 어떻게 해결했을까요? 병사들의 아내를 초청하여 아내들이 요리를 하게 합니다. 아내가 한 요리를 병사에게 건네죠. 병사는 새로운 경험을 합니다. 그 새로운 경험은 기존의 인식에 균열을 만들기 시작하죠. 새로운 음식에 대한 저항감을 낮춥니다. 새로움에 대한 저항감을 낮추는 것. 레빈이 이야기하는 변화 관리 3단계의 첫 단계인 '해빙unfreezing'입니다.

얼음은 고체 상태입니다. 자신을 단단하게 유지하고 있습니다. 고체 상태인 얼음이 변화하기 위해서는 변화할 수 있는 상태, 즉 물이 되어야 합니다. 얼음은 물이 되어 이동moving하고 새로운 균형점에 도달해 다시 안정적인 상태가 됩니다. 해빙unfreezing–이동moving–재동결refreezing, 레빈의 변화 관리 3단계입니다.

리더십 가이드를 만들어 제공하고, 계층별 교육을 시행하고, 면접관 교육 등의 교육 과정을 제공하는 것은 위의 레빈의 이야기에서 홍보를 하고 요리법을 개발하고 전문가 권위에 기대는 활동들로 이야기할 수 있습니다. 이들은 병사들의 저항감이 줄어든 상태에서 온전히 그 효과를 발휘할 수 있습니다. 하지만 그 전에 우리가 해야 하는 것이 있습니다. 리더들의 저항감을 낮추는 일이죠.

앞서 레빈의 이야기에서 병사들은 내장 음식에 대한 부정적인 인식을 가지고 있었습니다. 가족이라는 믿을 수 있는 대상은 그 인식에 균열을 제공했습니다. 마찬가지로 인사는 리더들에게 리더들이 경험을 통해 더 나은 상태로 나아갈 수 있도록 도와줄 수 있습니다. 인사 제도가 리더의 역할과 상호 작용 체계를 제안하고 이를 통해 리더십이 발현되는 경험을 할 수 있게 해주는 거죠.

Q | 098

리더십이 발현되는 경험을 좀 더 이야기해 보죠.
기존에도 많은 기업, 인사 담당자들이 해왔던
일련의 활동들이라 생각하거든요. 어떤 차이가 있을까요?

앞서 이야기 나눈 것처럼 인사 담당자로서 우리들은 리더십에 대한 많은 고민을 하고 그 고민을 리더십 가이드 등으로 구체화하는 일련의 활동을 해왔습니다. 하지만 그것들은 대부분 직접 경험으로 이어지지 못하는 경우가 많았습니다. 교육을 받은 리더들은 교육 수료 이후 이렇게 말하죠.

"좋은 이야기 잘 들었어. 그런데 현실은 달라."
"나도 그렇게 하고 싶어. 그런데 어떻게 해야 할지 모르겠어."
"어차피 매년 같은 이야기인데 왜 하는지 모르겠어."

왜 이런 반응이 나올까요? 개인적으로는 이들 가이드, 교육 등이 가지는 한계에 있다고 말합니다. 직접 경험을 제공할 수 없다는 한계 말이죠.

인사는 제도를 다룹니다. 절차, 양식, 기한을 활용해 인사는 리더에게 구체적인 역할과 상호 작용을 할 것을 제안합니다. 그것도 강제성을 기반으로 말이죠. 리더가 가진 기존의 인식을 기준으로 리더는 인사가 제시한 절차, 양식, 기한이 불편하거나 못마땅할 수 있습니다. 하지만 일단 제도가 정한 절차, 양식, 기한을 따르긴 해야 합니다. 제도는 리더가 경험을 할 수 있게 도와줍니다. 더욱이 리더는 관련하여 이슈가 발생했을 때 "절차대로 했어"라는 책임을 면할 수 있는 도구를 갖게 되기도 합니다. 이는 리더가 새로운 행동을 했을 때 그 새로운 행동의 결과에 대한 불안함으로부터 자유로워질 수 있도록 도와줍니다.

리더도 사람입니다. 리더에게도 심리적 안전감psychological safety이 필요합니다. 레빈의 이야기에서 병사들의 아내들의 역할처럼 말이죠.

인사 제도는 다양합니다. 인사라는 일은 채용, 평가, 교육, 보상, 노무 등 다양한 하위 직무들로 구성되며 이들 직무들은 서로 다른 성질을 가집니다. 예를 들어 채용은 오늘날 세일즈sales라는 특성이 강조되고 있습니다. 채용은 브랜딩이라는 마케팅적 성격도 있죠. 평가 보상은 재량적 판단이 중요합니다. 노무는 법 제도에 대한 이해를 필요로 합니다. 우리가 만드는 인사 제도는 구체적으로 인사의 하위 직무들에서 제도로 구체화됩니다. 수많은 제도들이 존재하죠.

리더의 경험은 직접적이고 그래서 구체적이어야 합니다. 리더가 리더로서 역할과 상호 작용을 직접 인식하고 행동하며 체감할 수 있는 인사 직무의 영역이어야 하죠. 그 구체적인 영역으로 저는 '성과 관리 제도'를 제안합니다.

과거 우리는 인사라는 직무를 설명하며 '채용부터 퇴직까지'라는 표현을 사용하곤 했습니다. 이는 구체적으로 채용－배치－교육－평가－보상－퇴직의 단계로 표현되곤 했습니다. 그런데 이러한 인사 직무의 구분에는 중요한 부분이 누락되어 있습니다. 바로 일을 하여 성과를 만들어내는 과정에 관한 이야기입니다. 매년 말 혹은 초에 우리는 향후 1년간의 목표를 세우고 1년간 일을 수행하여 산출물을 만듭니다. 그리고 평가와 보상이 진행되죠. 생각해 보면 1년 365일의 대부분을 차지하는 건 산출물로서 성과가 아닌 성과를 만들어내는 과정입니다. 그리고 그 과정이 리더십이 가장 빈번하게 작용하는 지점이죠. 판단으로서 평가는 공적인 권위에 의한 영향력입니다. 우리는 앞서 영향력을 만드는 힘으로서 6가지 근원을 이야기하며 바람직한 영향력의 기반으로 합리적 호혜성과 일관성, 사회적 증명을 이야기했습니다. 외형적 권위는 이에 포함되지 않았죠.

　　진정한 영향력으로서 리더십은 판단으로서 성과 평가가 아닌 성과 관리 과정을 통해 결정됩니다.

PARS는 제가 성과 관리 제도를 설계하며 붙인 이름, 그 이상도 그 이하도 아닙니다. PARS보다 더 좋은 이름들이 있을 수 있죠. 제가 말하고 싶은 건 PARS의 구조입니다. PARS가 리더들에게 어떤 역할과 상호 작용을 하도록 제안하고 있는지, PARS라는 성과 관리 제도가 인사의 하위 직무들로 어떻게 연결되는지를 이해하는 것 말이죠.

먼저 성과 관리 제도가 인사의 하위 직무들로 어떻게 연결되는지를 이야기해 보죠.

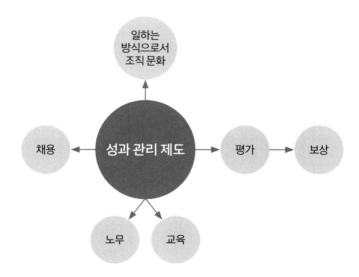

PARS 방법론을 생각해 보면 PARS를 통해 우리는 잘한 점, 개선점, 고마운 동료, 전문성 수준 등의 데이터를 만날 수 있습니다. 잘한 점과 개선점 데이터를 통해 우리는 교육 과정으로 연결할 수 있습니다. 교육을 통해 잘한 점을 강화하고 개선점을 보완함으로써 성과의 개선으로 연결할 수 있습니다. PARS는 분기 등의 짧은 주기로 운영합니다. 1년간 총 12번의 진단을 통해 반복적으로 구성원의 능력을 진단하고 지속적인 피드백이 가능하며 이 과정을 통해 우리는 필요한 경우 저성과자 관리 데이터로 활용이 가능합니다. 전문성 수준 데이터는 평가로 활용되며 이는 보상으로 연결됩니다.

PARS와 같이 기업만의 네이밍을 통해 우리 기업이 일하는 방식으로서 조직 문화와 연결하며 이는 채용의 선발 단계에서 선발 기준으로 활용할 수 있습니다. 성과 관리 제도가 제 자리를 잡으면 이를 기준으로, 즉 성과를 중심축으로 연결된 인사 체계를 구축할 수 있습니다. 진정한 영향력으로서 리더십은 이 성과 관리 제도의 영역에서 만들어집니다. 권위가 아닌 역할과 상호 작용을 통해서 말이죠.

그런데 우리는 지난 시간 많은 경우 다음 쪽의 그림과 같이 앞의 그림과 반대의 모습을 취하고 있었습니다. 성과 관리 제도를 중심으로 인사의 다른 세부 영역을 하나로 연결하지 못하고 성과 관리가 없거나 약한 상태에서 인사 세부 영역들이 각자 따로 움직이는 모습입니다.

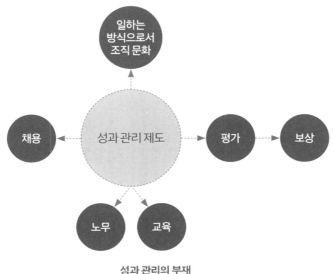

성과 관리의 부재

　지난 우리들은 인사의 세부 영역을 하나의 체계로 보지 않고 개별 영역별로 보고 있었습니다. 이러한 상황에서 리더십은 역할과 상호 작용 대신 권위에 기반한 의사 결정의 형태로 나타나게 됩니다. 이를 개인적으로는 의사 형성자로서 리더와 의사 결정자로서 리더로 구분하고 있습니다.

의사 형성자와 의사 결정자라는 표현이
눈에 들어옵니다.

제가 만났던 리더 이야기를 해 볼까요. 그 리더는 스스로를 굉장히 민주적인 사람이라 생각하고 있었습니다. 항상 수평적인 조직을 강조하고 있었죠. 하지만 그 리더와 회의를 하고 나면 구성원들은 따로 담배를 피러 가거나 하며 불만을 이야기하곤 했습니다. 불만의 요지는 이랬습니다.

"결국 자기(리더) 마음대로 할 거면서 회의는 왜 하고 우리들 의견은 왜 물어보는 거야?"

회의에서 리더는 구성원들이 먼저 의견을 말하게 하고 추임새와 아이컨택을 했습니다. 그러다 보면 대부분의 경우 이견들이 등장하는데 이때 리더는 항상 이렇게 말을 하곤 했습니다.

"여러 의견이 있는데 내가 리더이고 의사 결정을 해야 하는 사람이니까 내가 결정합니다."

회의의 결론은 항상 리더의 생각으로 귀결되었습니다.

기존에 우리가 경험한 대부분의 리더들은 의사 결정자의 모습이 많았습니다. 그들은 리더라는 주어진 권위를 기반으로 의사 결정을 하는 방식을 따랐습니다. 그들은 역할과 상호 작용에 기반한 영향력으로써 리더십을 발휘할 수 없었죠. 이유는 단순합니다. 역할과 상호 작용이 이루어지는 주된 영역이 성과 관리 영역에서 일어나는데 지난 시간 우리에게는 성과 관리가 회색 지대에 있었기 때문입니다.

성과 관리 제도는 리더가 어떤 역할을 하고 상호 작용을 어떻게 해야 하는지를 알려줍니다. PARS 방법론을 예로 이야기해 보죠.

앞에서 우리가 보았던 양식(92~93쪽 그림)을 다시 참고해 주기 바랍니다. 전체 구조는 구성원과 리더의 대화 형식으로 구성되어 있습니다. 그 대화는 구성원이 해당 산출물을 직접 만든 당사자로서 산출물을 중심으로 먼저 이야기를 하고 리더는 구성원의 의견을 듣고 난 이후 리더의 생각을 기록하도록 상호 작용을 통해 대화하는 구조를 가지고 있고, 우리는 절차와 양식을 활용하는 성과 관리 제도를 통해 우리가 기대하는 상호 작용이 발생하도록 유도할 수 있습니다.

절차와 양식은 외적인 골격입니다. 그 외형을 채우는 건 대화라는 방식의 상호 작용이죠. 인사는 성과 관리 제도 〉양식 〉구성 항목을 정하여 제공함으로써 어떤 내용을 대화의 주제로 삼아야 하는지 대화의 주제가 일/성과에 집중될 수 있도록 가이드를 제공합니다.

성과 관리 제도는 리더가 구성원과 일을 중심으로 대화하고 대화를 통해 의견을 수렴해 가는 방식을 취합니다. 성과 관리 제도를 통해 리더는 의사 결정자가 아닌 의사 형성자로서 역할을 수행할 수 있습니다.

Q 101

이야기하면서 조금은 신기하다(?)고 느낀 게
우리 이야기의 시작은 인사 제도/성과 관리 제도였거든요.
그런데 어느 순간 리더와 리더십에 대한 이야기를 하고 있네요.
그것도 간단하게 언급하는 것이 아니라 하나의
메인 주제처럼 말이죠.

우리가 인사 제도를 이야기하면서 리더십을 함께 이야기했던 이유를 다시금 돌아볼까요?(158~159쪽 그림 참고)

만일 우리가 인사 제도의 완성을 제도를 설계 혹은 기획하고 상급자에게 보고하여 승인을 받는 것까지로 영역을 국한한다면 굳이 리더/리더십을 이야기할 필요가 없을 수 있습니다. 개인적으로는 인사 제도를 설계·기획하고 상급자의 승인을 받은 상태는 우리가 판매하고자 하는 제품 출시를 위한 준비가 완료된 상태와 같다고 수 있습니다. 하지만 아무리 멋지고 뛰어난 제품을 만들었다 하더라도 그 제품이 소비자를 통해 활용되지 못하면 그 제품의 가치는 빛을 발하지 못할 겁니다. 우리가 만든 제도가 소비자를 통해 활용되어 그 가치가 입증되는 과정을 저는 제도 운영이라 말합니다.

제도를 운영한다는 것은 제도를 설계·기획하는 것보다 좀 더 역동적입니다. 제도의 기획은 기획자를 중심으로 이루어지지만 제도 운영은 복수의 리더와 구성원들이 중심이 되어 보다 다양한 상황과 생각, 의견들로 구체화됩니다. 기획자 한 명의 생각이 아닌 다양한 관점, 생각들을 만나죠. 다양하다는 건 혼란스러움을 의미합니다. 혼란스러운 상태를 혼돈이 아닌 다양성으로 만나기 위해 우리에게는 기준이 필요합니다. 이 기준을 우리는 CSF, 즉 핵심 성공 요인이라고 말합니다. 핵심 성공 요인은 표현 그대로 우리가 설계하고 운영하는 인사 제도가 기대하는 결과로 이어지는 데 중요한 영향력을 제공하는 요인입니다. 핵심 성공 요인은 밖으로 나가는 화살표가 많습니다. 다른 복수의 구성 요소들에 영향을 미칩니다. 우리는 핵심 성공 요인을 관리하여 다양성을 관리할 수 있습니다. 인사 제도 운영에서 리더/리더십이 그렇습니다.

제도의 영향력과 리더의 영향력이 시너지를
낼 때 기업이 어떤 모습일까? 하는 생각을
해보게 됩니다.

줄다리기를 생각해 보시면 이해가 쉬울 듯합니다. 제도와 리더
십이 동일한 방향을 향하고 있다면 우리가 발휘하는 힘의 효율을
높일 수 있겠죠. 만일 상대편의 제도와 리더십이 서로 대립하거나
분리되어 운영되고 있다면 우리가 상대와 비슷한 힘을 가지고 있거
나 혹은 상대적으로 약한 힘을 가지고 있더라도 줄다리기에서 기대
하는 결과를 만날 가능성을 높일 수 있습니다.

'승리'라는 결과를 마주하는 것도 중요하지만 여기에서 더 중요
한 점은 리더와 구성원이 '이기는 경험'을 만난다는 점에 있습니다.
우리가 일을 하는 환경을 생각해 보면 일을 하는 데 완벽한 상태인
경우는 거의 없습니다. 만일 우리가 스타트업이라면 완벽한 조건을
갖추기란 더 어려운 일일 수 있습니다. 객관적인 전력으로 보면 우
리는 이기기 어렵다고 생각할 겁니다. 여기에서 '이기는 경험'은 중
요한 역할을 합니다. 지레짐작으로 안 된다고 생각했던 일이 "어!
되네"라는 말로 바뀌는 경험입니다.

제도와 리더십은 구성원에게 직무를 수행하는 구체적인 행동을
하게 합니다. 영향력을 통해서 말이죠. 구성원의 구체적인 행동은

구성원들에게 경험으로 연결됩니다. 구성원은 일을 수행하는 과정과 산출물을 통해 자신의 일에 대한 전문성 상태를 스스로 이해할 수 있습니다. 제도, 특히 성과 관리 제도와 그 제도를 운영하는 과정에서 리더는 구성원이 일을 통한 경험을 하는 과정에 큰 영향력을 제공합니다.

제도와 리더가 발휘한 영향력은 구성원의 말과 행동을 통해 구체화되며 이는 구성원에게 경험이라는 모습으로 남게 됩니다. 이를 저는 직원 경험이라 말합니다.

CHAPTER
4

제도와
경험 관리

인사 제도가 만들고자 하는 궁극적인 상태란 무엇일까요? 이 질문에 대해 저는 이렇게 답을 합니다.

"더 이상 제도가 필요 없는 상태"

라고 말이죠. 제도가 필요 없다는 건 제도가 더 이상 강제성을 발휘하지 않아도 리더와 구성원들이 자율적으로 말하고 행동하고 있는 상태라 말할 수 있습니다. 자율적이라는 건 리더와 구성원이 스스로 나름의 기준을 가지고 있음을 말합니다. 여기에 제도가 필요 없다는 건 각자 가지고 있는 기준들이 공통 분모를 가지고 있음을 말합니다. 여기에서 공통 분모가 바로 인사 제도가 해왔던 역할인 거죠.

제도는 구성원이 직접 경험을 통해 공통 분모를 인식하고 자연스럽게 당연한 것으로 받아들이는 과정을 만날 수 있도록 도와줍니다. 제도가 옳은 방향성을 가지고 그 힘을 발휘한다면 우리 기업 내 구성원들은 그들의 성장에 도움이 되는 직무 경험들을 만날 수 있습니다.

모 기업에서 직무 분석을 진행합니다. 직무 분석을 한다고 하자 구성원분들, 특히 차·부장급이 거세게 반발하기 시작했습니다. 그들의 지난 경험 속에는 직무 분석이라는 단어가 있었습니다. 그 경험은 이야기하고 있었죠. '직무 분석을 한다는 건 구조 조정을 한다는 것이다'라고 말이죠. SME Subject Matter Expert(직무 전문가)들을 선발하고 그들을 대상으로 설명회를 했습니다. 당시 저는 대리였습니다. 설명을 위해 단상에 선 순간부터 다양한 협박(?)의 말들이 들려오기 시작했습니다. 잘되나 보자는 말부터 나중에 도와달라고 해도 안 도와줄 거라는 이야기들, 그리고 다양한 된소리와 거센 소리들이 저를 향하고 있었습니다.

그분들이 저에게 그러한 행동들을 한 이유는 그들이 가지고 있었던 직접 경험에 기반합니다. 직무 분석을 한다고 하더니 이를 근거로 구조 조정을 했다는 직접 경험입니다. 어쩌면 당시 저를 향했던 된소리, 거센 소리는 그분들 입장에서는 절실함일 수도 있습니다.

대리급으로 차·부장님들의 거센 항의를 받으면서도 직무 분석을 진행할 수 있었던 이유는 제가 진행하는 직무 분석이 가지고 있는 방향성에 있습니다. 당시 직무 분석을 진행한 건 직무 역량 사전을 만들기 위해서였습니다. 구조 조정이 아니었죠.

부정적인 경험은 부정적인 인식으로 연결됩니다. 제도를 통해 만들어진 부정적인 경험은 제도뿐 아니라 제도를 만드는 사람에 대한 불신으로 이어집니다.

인사팀을 믿을 수 있을까?
생각해 보면 사실 반반인 듯합니다.

반반이라는 건 믿지 못한다는 말의 점잖은 표현이 아닐까 싶습니다. 어쨌든 믿지는 못한다는 거죠. 제도에 대한 부정적인 경험들은 제도를 만드는 주체에 대한 불신으로 이어지고 이러한 경험이 반복되면 일반화 상태로 연결됩니다. 이런 말들이 나오는 상황인 거죠.

"인사팀은 믿으면 안 돼."

인사는 제도를 통해 소통합니다. 소통한다는 건 그냥 인사가 만든 제도가 좋은 거니까 혹은 인사에 대해서는 인사가 더 잘 아니까, 혹은 대표이사의 승인을 받았으니까 해야 하는 것이 아니라 인사가 만든 제도를 왜 사용해야 하는지, 제도를 통해 얻을 수 있는 긍정적인 가치는 무엇인지를 상대방 관점에서 이해할 수 있도록 전달하는 것입니다. 이러한 제도를 통한 소통 방식으로 우리는 앞에서 Why-How-What을 이야기했었죠.

개인적으로 경험을 크게 세 부분으로 나누어 이야기를 합니다.

하나는 직접 경험으로 이는 말 그대로 직접 말하고 행동하는 과정을 통해 만나게 되는 경험을 말합니다. 직접 경험은 체감하는 영역으로 직관적이고 영향력의 강도도 높지만 시공간의 제한이라는 한계를 가지고 있습니다. 앞서 직무 분석에서 저에게 된소리, 거센소리를 한 차·부장님들을 뒷받침하는 건 직접 경험이었습니다. 부정적인 직접 경험이었고 강한 반대를 만들어낸 근거이기도 합니다.

두 번째 경험 유형은 간접 경험입니다. 간접 경험은 다른 사람의 말, 글 등을 통해 알게 된 경험을 말합니다. 간접 경험은 직접 경험이 가진 한계를 보완합니다. 우리가 직접 워렌 버핏을 만나지 않아도, 직접 구글 등의 글로벌 기업들을 경험하지 않아도 우리는 말과 글을 통해 그들의 이야기를 이해할 수 있습니다.

세 번째 유형의 경험은 '생각 경험'입니다. '생각 경험'은 우리가 만난 직접 경험과 간접 경험을 생각의 재료로 활용함으로써 만나는 경험입니다. 셜록 홈즈에 나오는 '기억의 궁전method of loci'은 생각 경험을 잘 보여주는 예라고 할 수 있습니다.

대부분의 사람들은, 심지어 인사 담당자가 아니었다 할지라도,

직접 경험에 기반해 제도를 만들고 이야기할 수 있습니다. 그들은 이렇게 소통합니다.

"이건 원래 이렇게 하는 거야."

혹은

(자신이 경험했던 대기업, 글로벌 기업 이름을 언급하며) "○○○에서는 이렇게 해."

이러한 소통의 특성은 일방적이라는 점입니다. 이 대화에서 제도를 활용하는 현재 우리 기업이나 조직과 구성원은 존재하지 않습니다. 이들은 자신의 직접 경험을 정답의 자리에 둡니다.

일부 사람들은 직접 경험에 더해 간접 경험을 기반으로 제도를 만들고 이야기합니다. 그들은 이렇게 소통합니다.

"○○○에서 OKR을 한다는데 우리도 해볼까?"

이러한 소통 방식은 직접 경험에만 기반한 소통보다는 좀 더 열려 있긴 하지만 여전히 그 제도를 활용하는 현재 우리 기업/조직과 구성원들이 고려되지 않고 있죠. 간접 경험에 기반하여 제도를 설계/도입/운영하는 경우의 한 단면을 우리는 다음의 말로 표현할 수 있습니다.

"우리 기업과 맞지 않아."

그리고 일부 소수의 사람들은 직접 경험과 간접 경험에 더해 생각 경험을 만들어내고 이를 기반으로 제도를 도입·설계·운영합니다. 이들은 직접 경험과 간접 경험에 '현재'라는 구체적인 상태를 추가합니다. 이들은 대기업이나 글로벌 기업 등에서 해봤거나 한다고 하니까 해야 한다고 말하는 대신 지금 우리 기업에 필요하므로 해야 한다고 말합니다. 이들은 직접 경험과 간접 경험에 현재 기업이나 조직의 상황, 리더와 구성원의 경험 수준 등을 더해 '필요한가?'라는 질문을 던지고 나름의 답을 찾으려 노력합니다. 그 과정에서 때로는 기존에 할 수 없었거나 하지 않았던 일들을 할 수 있는 방법들을 만나기도 하죠. 생각 경험을 하는 이들은 제도를 통해 이렇게 소통합니다.

"일단 해볼까요. 다만 방법론에서 이건 이렇게 하는 게 좀 더 나을 거 같아요."

제도를 통한 소통을 잘한다는 건 우리 기업에 적합한 제도를 찾아가는 과정을 잘 진행하고 있음을 의미합니다. 이를 위해서 우리는 직접 경험과 간접 경험을 생각 경험으로 이어가도록 의도적인 노력을 할 필요가 있습니다.

생각 경험, 얼핏 보면 쉬워 보이지만 또 곰곰히 생각해 보면 이야기하신 사례에 부합하는 경우를 찾기가 어렵기도 합니다.

생각 경험을 자연스럽게 하기 위해서 그 시작점에서는 '의도적인 노력'이 필요합니다. 생각 경험을 한다는 건 스스로 편한 상태에서 벗어나 불편한 상태를 만드는 것을 말합니다. 앞에서 이야기한 레빈의 변화 관리 모형 3단계 중 1단계인 해빙 상태를 스스로 만드는 거죠. 사람은 기본적으로 안정적인 상태를 추구합니다. 익숙함이 주는 편안함의 유혹은 매우 크죠. 직접 경험을 사용하면 그 익숙함이 극대화됩니다. 자신을 완벽한 사람으로 포장할 수도 있죠. 스스로가 완벽하다고 생각하는 사람은 변화할 가능성이 없습니다.

생각 경험을 한다는 건 변화 관리를 한다는 것을 말합니다. 과거의 경험들을 재료 삼아 현재를 바라보고 보다 나은 현재와 미래를 만들기 위해 노력함을 말합니다. 생각 경험을 하는 이들은 변화를 관리하고 보다 나은 현재와 미래를 만들기 위해 자발적으로 외부의 생각을 받아들여 자신의 경험, 생각과 비교·대조해 봅니다. 이를 저는 '생각에 균열을 만든다'라고 말합니다. 이 표현을 우리는 이미 몇 번 만났습니다. '코칭'이라는 단어로 말이죠.

OKR을 이야기해 볼까요? OKR을 이야기할 때 우리는 종종 '구글의 OKR'이라는 표현을 사용하곤 합니다. 누군가는 이 표현을 '구글에서 만든 혹은 구글에서 시작되거나 자리잡은'이라는 의미로 이해하기도 하지만 저는 이 표현을 이렇게 해석합니다.

'구글에 적합한 OKR'

'구글에 적합한'이라는 수식어가 주는 메시지는 명확합니다. OKR은 구글에 적합한 제도라는 것이 구글 이외의 다른 기업들에서 적합성을 담보해 주지 않는다는 점입니다. 말 그대로 구글에 적합하다는 것이죠. 그럼에도 우리는 OKR을 도입한다며 다양한 소프트웨어를 도입하고 평가 주기를 분기로 바꾸고 스크럼scrum, 부스팅boosting 등의 이름을 붙인 절차들을 도입합니다. 그러고는 말하죠.

"스크럼, 부스팅 미팅을 하지 않으면 OKR이 아니다."

직접 경험 혹은 간접 경험을 활용하는 제도 담당자들은 구글이 OKR을 운영하는 절차, 양식, 기한 등에 초점을 맞춥니다. 구글에는 적합하지만 우리 기업에 적합한지 알 수 없는 방법론들 말이죠.

생각 경험을 활용하는 제도 담당자들도 구글이 OKR을 운영하는 절차, 양식, 기한 등에 초점을 맞춥니다. 여기에 더해 그들은 그 절차, 양식, 기한이 실제로 우리 기업이나 조직에서 작동하는 방식을 머릿속으로 그리는 단계를 추가합니다. 적합한지 여부를 미리 그려보는 과정입니다.

OKR 하면 떠오르는 이름이 있죠. OKR 전도사라고 불리는 존 도어John Doerr입니다. 그가 설명하는 구글과 OKR 이야기를 잠시 들어 볼까요.

> "OKR을 제안했을 때 모임 참석자들은 흥미를 보이긴 했습니다. 하지만 그들이 가진 흥미가 어느 정도의 깊이를 가지고 있는지 알 수는 없었죠. 세르게이는 이렇게 말했습니다. "음, 일단 우리도 기업을 운영할 기준으로서 무언가가 필요하긴 합니다. 아직은 그런 기준을 가지고 있지 않거든요. 어쩌면 이것(OKR)이 도움이 될 수도 있겠네요."[12](Doerr, 2018)

이렇게 보면 구글과 OKR의 만남은 우연이었다 라고 말할 수 있을지도 모릅니다. 하지만 존 도어는 구글과 OKR의 만남은 우연이라 할 수 있을지 몰라도 OKR이 구글에서 제대로 작동할 수 있었던 건 우연이 아니라고 말합니다. 존 도어는 구글과 OKR의 관계를 이렇게 말합니다.

"Google, meet OKRs: a perfect fit."

이 문장에서 우리가 눈여겨보아야 것은 'fit'이라는 단어로서 '적합하다'는 의미를 가집니다. 적합하다는 표현을 사용하려면 최소한 두 개의 무언가가 필요하죠. 우리들의 대화에서 이 두 주체는 기업과 제도입니다.

구글은 OKR을 정답으로 두고 무조건 받아들이지 않았습니다. 투자자인 존 도어가 자신의 경험을 통해 검증되었다고 말했더라도 말이죠. 구글은 '아니 이렇게 좋은 제도가 있었네요"라고 말하는 대신 "어쩌면 우리에게 도움이 될 수도 있겠네요"라고 말합니다. 존 도어는 구글과 OKR의 결합을 다음과 같이 말합니다.

"It was a great impedance match."

임피던스impedance의 어원인 impede는 '방해하다'는 의미를 가지고 있습니다. 임피던스는 사전적으로 '전류의 흐름을 방해하는 값'을 의미합니다. 임피던스 매칭은 이 방해하는 값을 줄이는 것을 말하죠.

기업이 새로운 제도를 도입할 때 우리는 크고 작은 임피던스를 만나게 됩니다. 새로운 제도를 도입한다면 그리고 그 제도가 잘 정착되어 기대하는 성과나 모습으로 연결되길 바란다면 우리에게는 임피던스 매칭이라는 추가적인 과정이 필요합니다.

이 임피던스 매칭 과정에서 필요한 것이 바로 '생각 경험'입니다. 앞서 우리는 생각 경험을 과거의 직·간접 경험에 현재의 상황을 추가하는 것이라 이야기했습니다. 우리는 생각 경험을 통해 새로운 제도와 우리 기업의 임피던스 매칭 수준을 높일 수 있는 방법을 고민하고 그 결과로서 새로운 제도의 절차, 양식, 기한 등을 우리 기업에 맞게 커스터마이징customizing할 수 있습니다.

> "OKR을 시행한다고 하는데 기존에 하던 거랑 뭐가 다른지 모르겠어."

우리 기업이 OKR을 도입했는데 위와 같은 반응이 나오고 있다면 그 기업은 OKR을 도입하면서 직접 경험에 기반하여 도입을 했을 가능성이 높습니다.

> "OKR이 좋다고, 다들 한다고, 왜 안 하냐고 해서 도입했는데 기대만큼 결과가 안 나와."
> "OKR은 우리 회사랑 맞지 않는 거 같아."

우리 기업이 OKR을 도입했는데 위와 같은 반응이 나오고 있다면 그 기업은 OKR을 도입하면서 간접 경험에 기반하여 도입을 했을 가능성이 높습니다.

생각 경험을 하고 있다면 어떨까요? 아마도 이런 반응들로 나타나지 않을까요?

"이렇게 하면 우리가 기대하는 모습을 만들 수 있을 거야."

어쩌면 인사 담당자로서 기억에 남는 말을 들을 수도 있지 않을까요?

"고마워요"

라는 말 말이죠.

직접 경험, 간접 경험을 넘어 생각 경험으로
나아가기 위해 무엇이 필요할까요?

개인적으로 많이 공감하는 문장이 있습니다. 어느 교육 기관의 세미나에 참석했다가 만난 문장인데요.

"나쁜 일은 그냥 두어도 알아서 발생하지만 좋은 일은 의도적인 노력 없이 발생하지 않는다."

는 문장입니다. 몸의 건강을 유지하려면 운동을 해야 합니다. 규칙적인 운동을 하면 더 좋겠죠. 하지만 이러한 운동은 의도적인 노력이 필요합니다. 귀찮음이라는 큰 유혹을 이겨내야 하죠. 의도적인 노력이 필요합니다.

그 의도적인 노력의 방법론을 사실 우리는 이미 앞에서 이야기했습니다. Why-How-What이죠. 직접 경험과 간접 경험은 그 기준을 What에 둡니다. 직접 경험은 과거 해봤던 것을, 간접 경험은 다른 대기업이나 글로벌 기업, 혹은 다른 이들이 좋다고 말하는 것을 기준으로 합니다. 이들은 MBO, OKR 등의 보여지는 이름과 모습을 기준으로 제도를 바라봅니다.

반면 생각 경험은 그 기준을 Why에 둡니다. 남들이 좋다고 말하니까 하는 것이 아니라 정말 우리 기업에 필요한가를 질문하고 답을 고민합니다. 이 질문에 대해 YES라는 답을 만나면 비로소 구체적인 모습을 그리고(How) 그 결과 우리는 우리 기업에 적합한 인사 제도(What)를 만나게 되는 것이죠.

이 둘의 차이는 앞에서 우리가 살펴보았던 제도가 메시지를 전달하는 방식의 차이로 나타납니다.

제도가 잘 안 되는 기업들의 메시지 방식

(**What**) "OKR 제도를 시행합니다."

(**How**) "이런 절차, 양식, 기간(기한)에 따라서 운영되며, 시스템 이용은 매뉴얼을 참고해 주세요. 기타 문의 사항은 언제든 인사팀으로 문의 주시길 바랍니다."

제도가 잘 정립되는 기업들의 메시지 방식

(**Why**) "우리 기업은/인사는 기업과 구성원이 함께 성장하는 기업을 만들 수 있다고 믿습니다."

(**How**) "기업/인사는 함께 성장하는 환경으로서 인사 제도를 고민하고 있습니다."

(**What**) "그 고민의 결과로 우리는 OKR을 만들었습니다. 구체적인 절차, 양식, 기간(기한)은 매뉴얼을 참고해 주시고, 더 궁금하신 사항은 언제든 인사팀에 문의 주시길 바랍니다."

결국 '왜 하는가?'를 고민하는지 여부가 중요하겠네요.

'왜 하는가?'라는 질문은 달리 표현하면 '방향성'이라고 말할 수 있습니다. 예를 들어 저에게 왜 제도를 만들고 운영하는가? 하고 묻는다면 저는 '더 이상 제도가 필요 없는 상태를 만들기 위해서'라고 말합니다. 이 문장은 다소 먼 미래의 궁극적인 상태를 이야기하고 있지만 동시에 그 상태가 어떤 모습인지를 구체적으로 제시합니다. '제도가 필요 없는 상태'라고 말이죠.

우리는 일을 하는 과정에서 수많은 변수들을 마주합니다. 그들에 대응하다 보면 흔들리기도 하죠. 방향성은 그러한 변수에도 불구하고 우리가 견고하게concrete 우리의 방향으로 나아갈 수 있게 도와줍니다.

방향성은 매우 도전적인 미래를 이야기합니다. 때론 개념적이고 추상적이기도 합니다. 그래서 방향성은 영감을 불러일으키기도 합니다inspirational. 그리고 이런 저런 시도들을 구체적으로 해보기 시작할 겁니다action-oriented. 아울러 이렇게 우리의 행동을 이끌어낸다는 건 방향성이 나름 가치 있는significant 것임을 기본 전제로 하죠.

Q | 110

조금 전 '방향성'에 대한 이야기가
무척이나 낯이 익은데요.

그럴 수 있습니다. 방향성을 이야기하며 사용했던, 영감을 주는
inspirational, 구체적으로 시도하는action-oriented, 가치 있는significant 등의
표현은 사실 존 도어가 OKR을 설명할 때 사용하는 Objectives가 가
진 특성이거든요.

OKR에서 O를 우리는 단어를 직역해서 '목표'라고 표현하곤 합
니다. 저는 OKR의 O를 이야기할 때 '목표'라는 단어를 사용하지
말라고 말합니다. 그건 '목표'라는 단어가 제법 오랜 기간 우리가
사용해 왔고 그래서 익숙해져 있는 단어이기 때문입니다. 피터 드
러커 교수가 제안한 MBOManagement by objectives and self-control(이하 '본
래의 MBO'라 표기함)에서 Objective와 OKR에서 Objective는 동일한
의미를 가집니다. 하지만 실무적으로 우리가 만나왔던 MBO에서
Objective와는 다른 의미라고 생각합니다. 구분이 필요하죠.

본래의 MBO는 목표를 기준점으로 하여 실무자들이 스스로 일
을 수행하는 과정을 관리하는 방법론이라 말할 수 있습니다. 반면
실무에서 우리들이 만난 MBO는 '목표를 관리'하는 것으로 받아들
여져 왔다고 생각합니다. 본래의 MBO에서 목표는 닻anchor, concrete
의 역할을 수행했지만 실무에서 MBO의 목표는 목표가 목적어의

자리에 있다고 할까요. 본래의 MBO에서 목적어 자리에는 과정이 있었죠. OKR은 MBO의 본질을 제시하고 돌아가려는 움직임이라고 할 수 있습니다.

OKR은 인텔의 i-MBO에서 시작되었다고 말합니다. I-MBO를 제시한 앤드루 S. 그로브는 그의 책에서 MBO를 O와 KR이라는 두 가지로 설명합니다. 우리가 가고자 하는 방향으로서 Objectives와 우리가 가고자 하는 곳으로 잘 가고 있는지를 확인할 수 있는 무엇으로서 Key results입니다.

아울러 존 도어가 소개한 영상에서 앤드루 그로브는 O와 KR을 이렇게 설명합니다.

> "목표에 의한 관리management by objective systems에서 가장 중요한 두 요소는 Objectives와 Key results입니다. Objectives는 방향성direction 이고, Key results는 측정되어야 하지만 궁극적으로 확인할 수 있고, 그래서 "했는지, 혹은 하지 않았는지"에 대해서 논쟁의 여지가 없어야 합니다.[13]

OKR의 O는 '목표'보다는 '방향성'으로 이해하는 것이 좀 더 적합하지 않을까 생각합니다.

'직원 경험Employee Experience'을 이야기하기 이전에 '직원 몰입 Employee Engagement'이라는 단어가 있었습니다. 직원 경험에 대해 누군가는 새로운 개념으로 인식하기도 하지만 저는 관점의 변화로 이야기합니다. 일단 직원 경험과 직원 몰입은 공통으로 기업의 성과에 도움이 됨을 기본 전제로 합니다. 하지만 그 방법론으로 연결하는 관점에서 차이가 있죠. 직원 몰입은 기본적으로 기업의 관점에서 구성원을 바라봅니다. 다음과 같이 표현할 수 있죠.

> "구성원들이 어떻게 하면 기업의 성과/성장을 위해 자신이 하는 일에 시간, 지력, 에너지 등을 최대한 투입하게 할 수 있을까?"

반면 직원 경험은 관점을 기업에서 구성원으로 이동시킵니다. 이는 다음과 같이 표현할 수 있습니다.

> "구성원들이 어떻게 하면 기업에서 일을 수행하는 일련의 과정을 통해 기업, 동료, 일에 대한 긍정적인 인식을 갖도록 할 수 있을까?"

구성원들이 기업, 동료, 일에 대한 긍정적인 인식을 갖게 하려면 구성원들이 마주하는 경험을 관리해야 한다는 이야기입니다. 여기에서 직원 경험을 저는 직접 경험, 간접 경험, 생각 경험이라는 세 가지 유형으로 구분하여 이야기합니다. 여기에서 중요한 건 우리가 일을 통해 만나는 직접 경험과 간접 경험에서 구성원으로서 우리는 주체로서 주 무대에 있지 않다는 점입니다. 직접 경험은 단어 그대로 구성원이 직접 하는 것이라고 반문할 수도 있지만, 현장에서 우리가 만나는 직접 경험의 대부분은 누군가가 만들어 놓은 대로 우리가 따라서 하는 경우들입니다. 우리가 직접 행동하고 있지만 누군가가 '인사 평가는 이렇게 하는 거야'라고 정해 놓은 대로 따라하고 있는 것이죠. 우리가 하는 경험에서 우리 자신이 주체가 되기 위해서는 생각 경험이 필요합니다. 생각 경험을 통해 만들어진 직접 경험이어야 비로소 우리는 경험이라는 무대의 한가운데 설 수 있습니다.

생각 경험을 한다는 것은 우리가 만나온 경험을 정답이 아닌 재료로 활용함을 의미합니다. 경험을 정답의 자리에서 내려놓는다는 건 새로운 답, 즉 다양성을 인정한다는 것으로 연결되며, 우리들을 경험 많은 꼰대가 아니라 다양성을 품을 줄 아는 존중받는 리더로 만들어줄 수 있으리라 생각합니다.

Q | 112

제도로 이야기를 시작했는데 리더와 리더십,
직원 경험, OKR까지 굉장히 다양한 주제들을
다루었습니다. 신기한 건 이들이 하나로 연결된다는
점이었어요.

과거 어느 벤처1세대 기업 대표이사님과 이야기를 나눈 적이 있습니다. 대표님은 본인이 영업부터 시작해서 마케팅, 회계까지 하나씩 다 만들어왔다는 이야기를 하셨어요. 그리고 이제 인사만 남았다고 말이죠. 그리곤 일종의 고백(?)을 하기 시작합니다. 인사라는 일도 대표이사 본인이 맡아서 세팅을 할 수 있을 거라 생각했고 자신감도 있었는데 결과론으로 잘 안 되더라는 이야기였습니다. 대표님의 말을 들으며 저는 연결성이라는 단어를 떠올리고 있었습니다. 인사라는 일은 기본적으로 연결하는 일이기 때문입니다. 인사는 사람과 기업을 연결하고 사람과 직무를 연결하며 기업과 직무를 연결합니다. 이를 저는 다음 쪽 그림과 같이 표현합니다.

그림에서 우리는 인사가 하는 일들이 사람과 기업/조직, 사람과 직무, 직무와 기업/조직, 사람과 직무와 기업/조직의 교집합 영역에 위치하고 있음을 볼 수 있습니다. 둘 이상의 서로 다른 무언가가 교집합을 형성하기 위해서는 상호 간의 소통이 필요합니다. 우리는 소통이라는 단어가 그냥 각자 하고 싶은 말을 하는 것

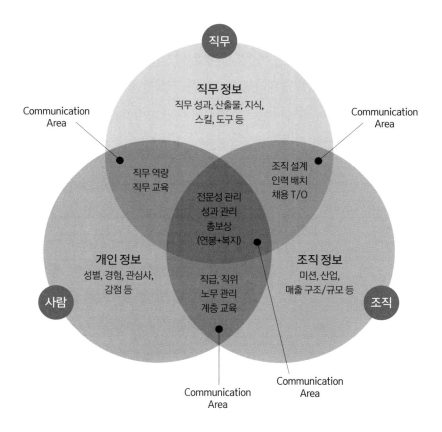

이 아니라 서로를 공감까지는 아니더라도 이해하는 상태를 기반으로 한다고 말하죠. 인사는 사람, 조직, 직무 각각에 대한 이해를 바탕으로 이들을 연결하는 일이라 할 수 있습니다. 그런데 여기에 더해 사람, 조직, 직무는 고정불변한 상태가 아니라 매 순간 다름이 있는 존재들입니다. 인사가 조금 더 어려워졌습니다. 먼저 사람을 생각해 보면 우리는 종종 세대 차이라는 표현을 사용

합니다. 사람이라는 점은 같지만 사람이라서 다르죠. 10년 전 우리는 스타트업과 같은 형태의 기업을 생각하지 못했지만 오늘날 스타트업은 익숙한 조직 형태가 되었습니다. 직무는 어떨까요? 우리는 매일같이 사라질 직업과 새로운 직업에 대한 이야기들을 만납니다. 서로 다른 대상을 이해하고 그들을 하나로 연결하는 것도 어려운데 그 연결 대상이 되는 사람과 조직과 직무가 계속 변합니다. 인사가 어려운 이유이고 동시에 매력적인 분야인 이유가 아닐까 싶습니다. 매 순간 살아 숨 쉬며 변하고 있거든요.

Q | 113

인사는 인사 제도를 통해
사람 – 기업, 조직 – 직무를 연결한다고 할 수 있겠네요.

우리는 앞서 반복하여 인사 제도를 '역할과 상호 작용의 체계 organized system of roles and interactions'라고 말해 왔습니다. 인사는 제도를 통해 사람, 조직, 직무의 역할을 정하고 이들이 연결되는 과정으로서 상호 작용 체계를 설계하고 관리합니다. 인사 제도가 가장 잘할 수 있고 해야 하는 역할입니다.

CHAPTER
5

맺음글

인사 제도를 고민하는 인사 담당자분들께 조언을 드린다면?

인사 제도에 단 하나의 정답은 없습니다. 구글에서 OKR이 바람직한 모습으로 작동한다는 것이 우리 기업에서도 온전히 작동할 수 있음을 담보하지 않습니다. 이런 현상에 대해 누군가의 탓을 하는 분들도 있습니다. 누구 때문에 안 된다고 말이죠. 구글에서 일하는 리더를 스카우트하면 될까요? 될 수도 안 될 수도 있을 겁니다. 만일 스카우트를 했는데도 기대한 모습이 나오지 않는다면 어떻게 할까요? 또다시 누군가 탓을 하고 있지는 않을까요?

세상에 우리 기업과 완벽한 핏fit을 가지는 제도, 즉 정답으로서 제도는 없습니다. 대신 우리가 우리 기업만의 정답을 찾는 데 참고할 수 있는 재료로서 제도는 존재합니다.

예전에 TV에서 〈냉장고를 부탁해〉라는 프로그램을 방영한 적이 있었습니다. 게스트의 집에서 냉장고를 가져와서 냉장고 안에 있는 재료만으로 즉석에서 요리를 만드는 콘텐츠였죠. 일상 속에서 우리는 먹을 요리를 정하고 그 요리를 만드는 데 필요한 재료를 사 와서 요리를 만들지만 이 프로그램은 랜덤으로 주어진 재료를 활용해 멋진 요리를 만드는 방식을 담고 있습니다.

사라스바티Sarasvathy(2001)는 이를 각각 효과적 과정effectuation

process과 원인적 과정causation process으로 이야기합니다. 먹을 요리를 정하고 필요한 재료를 확인하고 장을 보아 완벽하게 재료를 갖추고 요리를 만드는 것은 원인적 과정에 해당합니다. 반면 랜덤으로 현재 가지고 있는 재료를 확인하고 만들 수 있는 요리를 결정하는 방식을 우리는 효과적 과정이라고 말합니다.

인사 담당자는 정해진 요리를 만드는 역할이 아닌 우리 기업의 현재 상태를 기반으로 우리에게 가장 필요하고 적합한 요리를 만드는 역할을 합니다. 정답과 요리법이 정해져 있으면 쉽지만 인사에는 정답과 요리법이 없습니다. 대신 다른 기업의 사례, 이론, 인사 담당자로서 우리들의 경험이라는 재료가 있습니다. 어쩌면 기업/인사 담당자마다 서로 다름이 포함된 재료들입니다.

이 과정이 때로는 힘들기도 합니다. 그래서 이 말을 드리고 싶습니다.

"방향을 정했다면 때로는 힘들기도 하지만 포기하지 않았으면 좋겠습니다."

그리고 주변에 혹은 우리 기업의 인사 담당자가 이러한 노력을 하고 있다면 응원의 말 한마디 부탁드립니다.

감사합니다.

주석

01 '가족 관계의 등록 등에 관한 법률', 법제처 홈페이지.

02   Simon Sinek, 'How great leaders inspire action', TED.

03 Ocasio, W. (2023), "Institutions and Their Social Construction: A Cross-Level Perspective", *Organization Theory* 4(3): 26317877231194368.

04 Reed Hastings, "Netflix Culture: Freedom & Responsibility".

05 Adam Grant, "What frogs in hot water can teach us about thinking again", TED.

06 Lyle M. Spencer 외, 민병모 외 역 (1998), <핵심역량모델의 개발과 활용>, 피에스아이컨설팅, 1998, p.21.

07 Reed Hastings, "Netflix Culture: Freedom & Responsibility".

08 Schein, E. H. (2010), *Organizational culture and leadership*, John Wiley & Sons.

09 Cialdini, R. B. and R. B. Cialdini (2007), *Influence: The psychology of persuasion*, Collins New York.

10 Adam Grant, "What frogs in hot water can teach us about thinking again", TED.

11 Aubrey C. Daniels & James E. Daniels (2009), <직무수행관리>, 학지사, p.93.

12 Doerr, J. (2018), *Measure what matters: The simple idea that drives 10x growth*, Penguin UK.

13 Doerr, J. "Why the secret to success is setting the right goals", TED.

부록 :
성공적인 성과 관리 제도 도입
및 운영을 위한 제언

제언 1

제도를 정답이 아닌 재료로 바라보기

인사 제도를 도입할 때 우리는 종종 다른 기업의 제도를 참고합니다. 이를 우리는 벤치마킹이라 말합니다. 하지만 현장에서 벤치마킹이라 부르는 실제 모습은 벤치마킹이 아닌 모방에 가까운 모습으로 나타나곤 합니다. 다른 기업의 제도를 분석해서 우리 기업에 적합한, 필요한 장점들을 배우고 익히기보다는 다른 기업들이 하는 대로, 그들의 외형을 따라 하는 방식을 하고 있음을 말합니다. 결국 우리는 '우리 기업과 맞지 않아'라고 말하는 우리 자신을 만나게 됩니다. 벤치마킹은 누군가가 하는 대로 그대로 따라 하는 것이 아니라 우리 기업의 제도를 만들기 위해 다른 누군가의 제도를 재료로 활용하는 것입니다. 인텔에서 만든 i-MBO가 구글에서 OKR로 거듭난 것처럼 말이죠.

제도에 Why, How, What을 담을 것

현장에서 우리는 주로 어떻게 해서 무엇을 만들 것인가를 좀 더 고민합니다. 하지만 성공적인 성과 관리 제도 도입/운영을 위해서는 왜 하는가가 필요합니다. 우리는 앞서 제도를 '우리 기업에서 당연한 것으로 받아들여지는 역할과 상호작용의 체계'로 이야기했습니다. 이 문장은 기본적으로 '당연한 것으로 받아들여지는 역할과 상호작용의 체계'가 바람직한 상태임을 전제하고 있습니다. 이 바람직한 상태는 '왜 하는가'라는 질문과 연결됩니다. 어디로 갈지 모르면서 만든 제도는 우리가 원하지 않은 곳으로 가게 할 수 있습니다.

제도를 잘 운영한다는 것은
제도를 활용한 기업 내 소통이 원활함을 의미한다

아무리 좋은 제도라도 제도를 이용하는 이들이 제도를 이해하지 못하면 그 제도는 온전히 작동하기 어렵습니다. 제도를 통해 우리가 만들고자 하는 상태로 나아가는 데에는 제도에 대한 구성원의 참여가 필요합니다. 우리가 만든 제도에 담긴 내러티브를 생각해 보고 이를 구성원과 공유하고 함께 이야기 나누는 일련의 활동들, 즉 소통이 필요합니다.

성과 평가 및 보상은 성과 관리의 데이터를 활용한다

OKR은 지금 현재 가장 대표적인 성과 관리 제도입니다. OKR은 기본적으로 성과 관리 제도이고 성과 평가와 보상을 위한 제도가 아니라고 (decoupled from compensation) 말합니다. 하지만 현장에 있는 실무자로서 우리들에게 성과 평가 및 보상은 결코 간과할 수 없는 주제입니다. 실무자로서 우리들의 고민이 시작됩니다. 이 고민에 대한 답으로 저는 '데이터'를 이야기합니다. 성과 평가란 '지난 일정 기간 동안 일의 수행 과정 및 결과에 기반한 특정 시점에서의 판단'으로 정의할 수 있습니다. 이 문장을 저는 이렇게 바꿔보려 합니다. 성과 평가란 '성과 관리 데이터에 기반한 특정 시점에서의 판단'이라고 말이죠. 성과 관리가 잘 되었다는 건 성과 평가에 필요한 데이터가 잘 수집되었음을 말합니다. 성과 평가에 필요한 데이터가 잘 수집되어 있다면 성과 평가 및 보상이 어쩌면 좀 더 쉬워질 수 있으리라 생각합니다.

OKR을 도입하는 것이 아니라
성과 관리 제도를 도입하는 것이다

오늘날 성과 관리 제도를 고민하는 기업/인사 담당자에게 가장 주목받는 제도가 있다면 OKR을 이야기할 수 있습니다. 실제 현장에서 담당자들을 만나 이야기하다 보면 OKR 도입을 고려한다는 말들을 생각보다 어렵지 않게 듣곤 합니다. 그런데 돌아보면 우리가 원하는 것은 OKR을 도입하는 것이 아니라 우리 기업에 적합한 성과 관리 제도를 도입하는 것 아닐까요? 어쩌면 우리는 OKR이 아닌 우리 기업만의 이름을 만들 수도 있을 겁니다. 인텔에서는 i-MBO였고, 구글에서는 OKR인 것처럼 말이죠.

성공하는 인사 제도를 위한 짧은 대화

초판 1쇄 발행 2025년 4월 30일

지은이 강홍민

책임편집 공홍 **편집** 윤소연
마케팅 임동건 **경영지원** 이지원

펴낸곳 플랜비디자인 **펴낸이** 최익성

출판등록 제2016-000001호
주소 경기도 화성시 동탄첨단산업1로 27 동탄IX타워 A동 3210호

전화 031-8050-0508
팩스 02-2179-8994
이메일 planbdesigncompany@gmail.com

ISBN 979-11-6832-170-0 (03320)